ビジネス文書の基礎技術

石黒圭／熊野健志 編

Essential Ways to Improve Business Writing Skills

実例でわかる「伝わる文章」のしくみ

JN076461

ひつじ書房

巻頭言

　本書は、「ビジネス文書の書き方」本としては、今までにない、かなり異色な書籍です。いったい、どのような点で異色なのでしょうか。

　異色な点の一つは、本書執筆にあたり、実際に書かれた大量のビジネス文書を徹底的に分析したという点です。

　これまでの「ビジネス文書の書き方」本は、実務経験の豊富な筆者が、自身のビジネス上の体験に基づいて、自分の過去を思い起こしながら書いた本がほとんどでした。もちろん、経験から学ぶことは数多くあるのですが、個人が経験できる業務や業界の範囲には限界があります。また、この種の本は、十分な調査もせず、自分の頭のなかにあるイメージだけで執筆される傾向が強く、現実のビジネス文書の実態とかけ離れた書籍が少なくなかったのが現状です。

　これに対し、本書の最大の特徴は、10万件のビジネス文書のデータベースに基づいて書かれており、それが本書の記述の厚みにつながっています。データベースはクラウドソーシングがもとになっており、その意味での偏りはあるのですが、ベースにあるのは、多様な背景を持つ書き手が実際に生み出した現実のビジネス文書です。本書の内容は机上の空論ではなく、ここが類書ともっとも異なる点だと自負しています。

異色な点のもう一つは、このデータベースの分析を専門家が科学的な方法に基づいて行ったという点です。本書の執筆担当者のうち、国立国語研究所関連のスタッフは言語の研究者、富士通研究所関連のスタッフはAIの研究者です。いずれも、日本語を科学的な方法で分析することに長けている点で共通しており、日本語やコンピュータに対する高い専門性を有しています。こうしたスタッフを執筆者にそろえた点でも、類書とは一線を画しています。

　本書の構成は大きく2部に分かれます。第1部の対象はビジネス文書の日本語、第2部の対象はビジネス文書を書いた書き手の人柄です。ビジネス文書に限らず、言葉は原理的に情報と感情を伝えます。第1部で扱うのはビジネス文書の「情報」の部分、第2部で扱うのはビジネス文書の「感情」の部分です。「情報」で大切なのは、わかりやすくスピード感を持って伝えること、「感情」で大切なのは、失礼な印象を与えずに感じよく伝えることです。本書では、「情報」と「感情」という言葉が伝える重要な二面から、ビジネス文書の質の向上を読者とともに考えます。

　「ビジネス文書の書き方」には唯一の正解はありません。あるのは、ビジネスパーソン一人ひとりの個性に応じた最適解だけです。そうした最適解を導くのに重要なのは、ビジネス文書を書くときの参考になる座標軸です。本書は、ぎっしり詰まった豊富な実例に基づいて、ビジネス文書執筆の基準となる明確な座標軸を提供する「ビジネス文書の書き方」本です。

0
はじめに ⋯⋯⋯⋯⋯⋯⋯⋯⋯⋯⋯⋯⋯⋯⋯⋯⋯⋯ 11

第 **2** 部
言葉で伝わる人物像

2-4 印象を損ねない言葉選び …… 167

2-5 キャラクタの的確な使い分け …………… 175

2-6 まとめに代えて …… 187

0

はじめに

___

ビジネスプロセスの可視化と共有
言語化の重要性

ビジネスプロセスの可視化と共有 —言語化の重要性

　新型コロナウイルスの蔓延により、テレワークが急速に普及しました。テレワークにより仕事のスタイルも大きく変化し始めています。Web会議の急速な普及もその変化の一つです。さらにテレワークを一過性の対応策ではなく、新常態ととらえる企業も少なくありません。テレワークとは、情報通信技術を背景に、時間や場所にとらわれない働き方とされています。しかし、Web会議を使ったとしても、これまでの仕事の仕方と全く同じというわけにはいかないでしょう。私たちは、仕事の流れ、すなわちビジネスプロセスの見直しを迫られているわけです。

　私たちは、ビジネスプロセスをどのようにとらえればよいでしょうか。仕事は常に「発生」しています。そして、その発生した仕事を処理する「手順化」を行います。続いてチームのメンバーに「伝達」します。これが仕事の初期段階での自然な流れです。このとき、仕事の「発生」「手順化」「伝達」には、すべて言語が深くかかわっています。この処理の手順が複雑になればなるほど、言語の力を借りなければ迅速かつ正確に仕事を進めることができません。つまり、仕事の「発生」「手順化」「伝達」から構成されるビジネスプロセスは、言語化しなければ、チームのメンバーと可視化も共有もできないのです。

　これは文字をもたない太古の昔から同じでした。我々の遠い祖先が極寒の地にまで住処を広げた頃、動物からとった毛皮を縫い合わせるのに道具として縫い針と糸が必要でした。この縫い針を作るためには複雑な工程をたどらなければなりません。さらにそれを子々孫々、より広い範囲に伝えるためには、より精緻な言語表現が必要だったはずです。同じく鉄や船や高度な文明の技術も言語化抜きでは保存も伝達もできません。

テレワーク時代のビジネスプロセス　―会議から文書へ

　現代においても、仕事の「発生」「手順化」「伝達」は極めて重要なビジネスプロセスです。しかし、多くの仕事の現場ではこのプロセスはこれまであまり意識することがなかったかもしれません。それは多くの仕事が「会議」によって生み出されてきたからです。会議の場で、「以心伝心」「一を聞いて十を知れ」「空気を読む」「根回し」「やり方は自分で考えろ」といった上司と部下の力関係の磁場が発生することは否めないのではないでしょうか。この磁場が言語化にあたって障壁になっていたことは確かです。

　新たなビジネスプロセスであるテレワークやリモートワークの場面では、この磁場が発生しにくくなります。これまでこの磁場を上手に使いこなしてきた人にとっては、ちょっとやりにくい状況になるかもしれません。Web 会議があるじゃないかと思われるかもしれませんが、Web 会議にしても、リアルな会議に比べれば磁場はずいぶん弱くなるでしょう。また、Web 会議にも弱点があります。場所は自由になりますが、時間は同期をとる必要があります。録画しておいて後で早送りで見直せばいいではないかと思われるかもしれませんが、明らかに非効率です。

　仕事の効率を上げるには、仕事の「発生」「手順化」「伝達」というビジネスプロセスを、ビジネス文書という形のテキストにして保存していくことが大事です。テキストという書き言葉にすれば、時間を超えて共有できますし、音声と違って短時間で内容を確認できるからです。Slack をはじめとするビジネスチャットツールの隆盛からもわかるように、これからの時代、書き言葉の重要性はますます増加すると思われます。

ビジネス文書の効力 ―「再現性」と「改善性」

　テキストとして言語化されたビジネスプロセス、いわゆるビジネス文書には、さらに大きな二つの効力が生まれます。それは「再現性」と「改善性」です。一度、ビジネスプロセスがテキスト化されるとその情報は、時間や場所を超えて再現することが可能になります。

　これは、料理のレシピを思い出していただければよいかと思います。材料と手順が示されていれば、同じ味を再現することができるのです。もちろん手順の表現には巧拙があるでしょう。表現が巧みであればあるほど「再現性」は高まります。このことが本書を著した目的の一つです。

　そして、もう一つは「改善性」です。楽譜を思い出していただければよいかと思います。一度、譜面に表現された楽曲は、時間や場所を超えて再現することが可能なだけではなく、編曲やアレンジを行うことができます。

　ビジネスプロセスの品質を高めるためには、仕事の「発生」「手順化」「伝達」をテキストとして言語化することがとても大切なことなのです。そして、テレワークやリモートワークという働き方の活用は、会議の技術をどれほど磨いても達成できなかったビジネスプロセスの言語化の品質向上を、劇的に高めるチャンスでもあるのです。

ビジネス文書の創り手 ―高度化するマネージャの役割

　それでは、仕事の「発生」「手順化」「伝達」の言語化は、誰がどのように進めればよいのでしょうか。キーワードは仕事の「発生源」にあります。テレワークという言葉を使うとき、その主語は「ワーカー」です。そしてテレとは、仕事の発生源である「会

社」「組織」から離れているということです。働き方改革が議論されるとき、その対象はワーカーです。しかし、仕事の「発生」「手順化」「伝達」を行うのは、仕事の発生源である「会社」「組織」の中のマネージャなのです。

　マネージャは「仕事を創り出す仕事」を日々行っています。マネージャの言語化の能力が低ければ、いくらワーカーの能力が高くても仕事の品質は上がらないでしょう。「働き方改革」も制度だけではなくマネージャの言語化の能力に成否がかかっています。マネージャは、表現力、言語能力を磨き続けなければなりません。なによりも仕事の言語化は、できるだけ働きやすい環境を作るための、マネージャのワーカーに対する思いやりそのものだということです。

クラウドソーシングの可能性　―マネージャの言語能力

　新しい働き方の一つにクラウドソーシングがあります。クラウドソーシングでは、発注された仕事がオークションのように並んでいて、クラウドワーカーは自由にその仕事を選別し、受注します。この時、クラウドワーカーが仕事を選別する基準は何でしょうか。クラウドワーカー自身の力量や金額、納期などが、最初の選別基準になるでしょう。しかし、より重要なことは発注文書がテキストとしてわかりやすく言語化されていることです。ここでは先述の会議の磁場は、全く発生しません。これからのマネージャに期待される能力は、クラウドソーシングのプラットフォーム上で、自在にクラウドワーカーを集めることのできる能力です。そのカギはマネージャの表現力、言語能力なのです。

　私は、2002年に一般財団法人都市農山漁村交流活性化機構が実施した農山地域の活性化のための情報通信技術に関する調査（農

山地域のテレワーク推進に向けて）の調査事業に参加して以来、テレワークに関心を寄せてきました。2002年といえばインターネットも十分に普及していない頃です。その当時、東北のある山間部で生活している40代の主婦が、パソコン通信を使って東京の化粧品会社の仕事を受注していたというのです。その方は近隣の地域出身で、東京で働いた経験もないということでした。私はそのとき情報通信技術の発展がもたらす可能性を感じると同時に、この変化は、止めようのない変化であるとも感じました。その後、テレワークに関して知見を広めていく中で、テレワークの推進のカギはマネージャの発注力、突き詰めれば、マネージャの業務の可視化能力と言語能力にあると考えました。

ビジネス文書研究の成果を形に　―本書刊行の経緯

　しかし、テレワークの議論は、今日もワーカー側の議論に終始し、マネージャが注視されることはありません。そんな中、2015年10月に私が参加していた一般社団法人情報通信ネットワーク産業協会のセミナーで国立国語研究所の石黒圭先生のご講演を拝聴しました。すぐに先生の研究室を訪問させていただき、働き方改革、その中核を担うべきネットワーク上のテレマネージャには、高い国語力が必要だと想いをお伝えしました。そして、日本語研究の国内最大の機関である国立国語研究所と、AI研究のメッカである富士通研究所のクラウドソーシング文書の共同研究が始まりました。それから5年、石黒先生をはじめとする多くの先生とともに、本書の上梓に至ったことは望外の喜びです。

　本書は、2020年2月に出版された『ビジネス文書の応用言語学的研究―クラウドソーシングを用いたビジネス日本語の多角的分析―』（ひつじ書房）の姉妹編です。前書は学術的な論文集であるた

め、内容面でも価格面でも、一般の方の手に届きにくいものであり、より平易な一般向けの書籍を求める声が数多く寄せられました。それを形にしたのが本書です。奇しくもコロナ禍の渦中において本書が、日本人の働き方改革の切り札になることを願っています。

執筆者を代表して
熊野健志

第 **1** 部

言葉で伝わる仕事の内容

―――

ビジネス文書の言葉は、大きく分けて二つのことを伝えます。

一つは「仕事の内容」で、もう一つは「書き手の人物像」です。

この第 1 部では前者、すなわち「仕事の内容」の伝え方を考えます。

漢字や記号、レイアウトのような表記面、言葉選びや接続詞のような

表現面、情報選択や文字数などの情報面の三つの観点から、

どう書けば内容が読み手に伝わるか、その方法を検討します。

第1部「言葉で伝わる仕事の内容」の紹介

　ここでは、第1部「言葉で伝わる仕事の内容」にどんな内容が盛りこまれているか、その概要を紹介します。

　「仕事は言葉でできている」この合い言葉に基づき、国立国語研究所と富士通研究所のスタッフが協力して本書を執筆しました。言葉で仕事を考え、言葉で仕事を伝える以上、仕事の質を高めるには、言葉の質を向上させる必要があります。言葉の質を向上させるためには、しっかり伝わる言葉で業務内容を伝えるスキルをみがくことが必須です。以下では、業務内容を適切に伝える技術を扱った各章の内容を順にお示しします。

　1-1「読みやすい文字の選び方」では、平仮名、片仮名、漢字のどれを選ぶかを考えます。「成功のかぎ」「成功のカギ」「成功の鍵」で、伝わる内容は違います。もちろん、文字の種類だけでなく、活字の場合、フォント選びも読みやすさに影響を与えます。

　1-2「的確な記号の使い方」では、テンやマルといった句読点や「　」（　）といったカッコの使い方を考えます。句読点ではテンの使い方一つで文の読みやすさは変わりますし、カッコでは最近よく見る【　】の勘どころも知っておきたいところです。

　1-3「見やすいレイアウトの組み方」では、改行、空白行、箇条書きなどを扱います。これらは紙面・画面全体の把握に必要な情報で、この調整がうまくいけば、一目で情報を把握できるようになり、仕事の効率が格段に上がります。

　1-4「読み手に伝わる言葉選び」では、読み手に違和感のない言葉の選び方を扱います。私たちは思いついた言葉をそのまま使いがちですが、それを読み手が読んで理解できるかどうか確かめ

てから使うことで、しっかり伝わる文章に変わります。

1–5「ビジネス文書にふさわしい接続詞」では、「だから」「しかし」「そして」といった接続詞の選び方を考えます。接続詞の選び方を間違えると、文章がかえって非論理的になったりすることもありますので、接続詞選定の基準を知っておくことは大事です。

1–6「的確な情報選択」では、情報提示の際に優先すべき条件や、どのような情報を削り、どのような情報を膨らませればよいかを考えます。本章を読めば、情報を選ぶ際の適切な基準を学ぶことができます。

1–7「統計的な分析に基づくよい文章とは」では、最新の AI 技術も活用した分析で、読み手に好印象を与える文章を考えます。クラウドソーシングの発注文書を対象に、最適な文字数や箇条書きの項目数などを、統計的な観点から知ることができます。

　また、第 1 部の最後にある「まとめに代えて」という読み物にもぜひ注目してください。「ビジネス文書はシンプルに」という命題を、アポロ 13 号の具体的なエピソードから学ぶことができるページです。

　さらに、この第 1 部を読んでいくと、ところどころに「コラム」が入っているのを目にするでしょう。コラムは、文章を書くときに使えるツールやテクニックを紹介するページです。これまで知らなかった目からうろこのメソッドが隠れているかもしれません。ぜひ目に留めて、日々の文書作成に活用してください。

読みやすい
文字の選び方

日本語の文章では、平仮名、片仮名、漢字、アルファベット、

算用数字など、多くの種類の文字が使われており、

一つの単語にさまざまな表記を使うことができます。

では、それらの表記をどのように使い分けたらいいのでしょうか。

この章では、読みやすい文章にするための文字選びについて

説明します。また、フォントも読みやすさに影響を与えます。

そこで、本章の最後にフォントの選び方も取り上げます。

Q 01 漢字はどの程度使うべきなのでしょうか。

A 01 ⇨ 名詞、動詞、形容（動）詞は漢字で書くのが基本です。常用漢字に含まれるものは漢字で書くとよいでしょう。

　日本語の文章では、名詞、動詞、形容（動）詞などの実質的な意味がある語は漢字で書くことが多いです。それに対して、助詞や助動詞などの文法的な機能を果たす語は平仮名で書きます。そのコントラストのおかげで、語の切れ目がわかりやすくなっています。また、漢字や片仮名と比べて、平仮名は文章の中で目立たないので、漢字で書かれた名詞や動詞などが目につきやすくなります。そこで、忙しい人の中には、漢字で書かれた部分を中心に拾い読みする人もいます。このようなことを考えれば、名詞、動詞、形容（動）詞は漢字で書いたほうがいいでしょう。

　一方で、漢字で書いても、読めなければ意味がありません。パソコンで文章を書く場合は、手書きでは書けないような漢字も変換キーを押せば出すことができるため、ついつい難しい漢字を使いがちです。つねに読む人のことを意識して表記を選択しましょう。読み手が読める漢字を考えるときの目安になるのが常用漢字表です。この表には、「分かりやすく通じやすい文章を書き表すための漢字使用の目安」である 2,136 字の常用漢字が載っています。また、常用漢字情報サイトという Web サイトでは、文章中の漢字が常用漢字かどうかを判定する「常用漢字チェッカー」というツールを使うことができます。このような目安を参考にしながら、自分の文章の読み手を想定して判断することが大切です。

常用漢字表（平成 22 年 11 月 22 日内閣告示）
https://www.bunka.go.jp/kokugo_nihongo/sisaku/joho/joho/kijun/naikaku/kanji/
常用漢字情報サイト　https://joyokanji.info/

Q 02 「解放する」と「開放する」のような同音異義語はどのように使い分けますか。

A 02 ⇨ 同音異義語は、漢字の意味を考えて使い分けましょう。変換候補に表示される意味を参考にするのも有効です。

　日本語には、「公園」と「講演」のような同音異義語が数多くあります。その中でも、「異常」と「異状」のように、意味が近い語の使い分けに困ることがあるのではないでしょうか。そのようなときには、漢字の意味から、それぞれの語の意味を考えてみるというのが一つの方法です。「かいほうする」であれば、例1のように、とらわれているものを「解き放つ」ことを表したい場合は「解放する」、例2のように、閉じているものを「開け放つ」ことを表したい場合は「開放する」と表記します。

> 例1　転職して、仕事のストレスから<u>解放された</u>。
> 例2　8月の間、弊社のグラウンドを一般に<u>開放します</u>。

　しかし、「精算」と「清算」のように、漢字の意味を考えても、違いがわかりにくいものもあります。そのような場合は、漢字変換するときに、変換候補と一緒に表示される意味を確認するとよいでしょう。Microsoft IME、ATOK、Google 日本語入力など、日本語入力ソフトによって見た目は少し異なりますが、右の Microsoft IME の例のように、似た意味の同音異義語の説明が表示されます。

Q 03 「グループのリーダーを「つとめる」」は、「務める」と「勤める」のどちらで表記しますか。

A 03 ⇨ 「「異字同訓」の漢字の使い分け例」を参考にして表記を選びましょう。「役目や任務を果たす」意味の場合は「務める」を使います。

　常用漢字の中には、「差す」「指す」「刺す」「挿す」のように訓読みが同じ「異字同訓（同訓異字）」の漢字が多くあります。これらの中には、「備える」と「供える」のように、意味の違いが比較的わかりやすいものから、「作る」「造る」「創る」のように、かなり似た意味のものまで、さまざまなものがあります。

　このような異字同訓の語の使い分けのために参考になるのが、『「異字同訓」の漢字の使い分け例（報告）』（平成 26 年 2 月 21 日、文化審議会国語分科会）です。そこには、例文も示されています。例えば、「つとめる」については、次のように書かれています。

> **つとまる・つとめる**
>
> **【勤まる・勤める】**給料をもらって仕事をする。仏事を行う。
> この会社は私には勤まらない。銀行に勤める。永年勤め上げた人。勤め人。本堂でお勤めをする。法事を勤める。
> **【務まる・務める】**役目や任務を果たす。
> 彼には主役は務まらない。会長が務まるかどうか不安だ。議長を務める。親の務めを果たす。
> **【努める】**力を尽くす。努力する。
> 完成に努める。解決に努める。努めて早起きする。

この記述から、Q03 のケースでは「グループのリーダーを務める」と表記することがわかります。

また、「つくる」については、次のように書かれています。

> **つくる**
>
> ---
>
> 【作る】こしらえる。
>
> 米を作る。規則を作る。新記録を作る。計画を作る。詩を作る。笑顔を作る。会社を作る。機会を作る。組織を作る。
>
> 【造る】大きなものをこしらえる。醸造する。
>
> 船を造る。庭園を造る。宅地を造る。道路を造る。数寄屋造りの家。酒を造る。
>
> 【創る*】独創性のあるものを生み出す。
>
> 新しい文化を創（作）る。画期的な商品を創（作）り出す。
>
> ＊ 一般的には「創る」の代わりに「作る」と表記しても差し支えないが、事柄の「独創性」を明確に示したい場合には、「創る」を用いる。

この記述から、「創る」は、独創性があることを表現したいときに使う表記だということがわかります。このほかにも、「とる（取・採・執・捕・撮）」「はかる（図・計・測・量・謀・諮）」のように、異字同訓が多い語も掲載されています。

また、異字同訓の語も、Q02 の漢語の同音異義語と同様に、変換候補に説明がついています。例えば、ATOK では、「作る」は「さまざまなものをこしらえる」、「創る」は「新しいものをこしらえる」と説明されています。

「異字同訓」の漢字の使い分け例（報告）
https://www.bunka.go.jp/seisaku/bunkashingikai/kokugo/hokoku/pdf/ijidokun_140221.pdf

　日本語入力ソフトや国語辞典などに書いてある説明を見ても、自分が書こうとしている文章でどの同音異義語を使ったらいいかわからないときは、Web で似たような文を探して、どの表現がよく使われているかを見るという方法があります。

　例えば、「ストレスから解放される」と「ストレスから開放される」を、ある検索エンジンで検索すると前者のヒット件数は約513,000 件、後者は約 78,500 件（原稿執筆時）でした。ここからこの場合では「解放される」が正しそうだ、と考えることができます。

　検索するときは、書こうとしている文をそのまま検索キーワードとして入力するのではなく、調べたい同音異義語とその直前または直後の文節のみに絞ると多くの事例にヒットします。また、キーワード全体を「""」で囲むとそのキーワードの文字列通りに検索するので、まずは「""」で囲んで検索してみるとよいでしょう。

　ただし、単純に一番多かったものが正しいかというとそうとは言い切れません。上述のように差が大きければ問題なさそうですが、差が小さかったり、そもそも検索結果が数百件程度しかないような場合は、検索結果の事例を比べてみたり、検索結果を増やすために、検索キーワードを短くしたり、類義語に置き換えたりした方がよいでしょう。特に「""」を使った検索では「"解放された"」で検索しても「解放される」のように一文字でも異なるものは検索されなかったりするため、「"解放され"」のように変化する部分を削って検索してみるとよいでしょう。

Q 04 「吉」などの異体字は使わないほうがいいですか。

A 04 　⇨ パソコンの機種などによって文字化けする可能性がある「環境（機種）依存文字」はできるだけ避けましょう。

　日本語の漢字には、異なる字体（異体字）を持つものがあります。「沢」に対する「澤」、「峰」に対する「峯」などです。異体字の中には、「吉」（吉）や「溫」（温）などの「環境（機種）依存文字」と呼ばれるものがあります。これらの文字はパソコンの環境によっては文字化けしてしまいます。読み手の環境がわからないときは使わないほうが無難です。ただし、名前の表記に異体字が使われている場合は失礼になることもあるので、メールなどでは本人が使用している表記に合わせるとよいでしょう。

　不特定多数が見る Web サイトでは、正字体（「吉」や「温」など）で書いて注釈を入れる方法がよく使われます。例えば、牛丼チェーンの「吉野家」は、ロゴや看板で使っている、「吉」（上が「土」）が本来の表記です。しかし、自社サイトでは「吉野家」（上が「土」）という表記を使ったうえで、「会社概要」のページに、「※吉の字は、正しくは「土（つち）」に「口（くち）」と書きます。」という注釈をつけています。

　それぞれの漢字が環境依存文字かどうかは変換候補として表示するとわかります。環境依存文字の場合は、その文字のところに「環境依存文字」あるいは「環境依存」と表示されます。丸数字（例：①）のような記号にも環境依存文字があります。

　ただ、最近では、新たな文字コードの普及によって、「髙橋」の「髙（はしごだか）」や「山﨑」の「﨑（たつさき）」などの異体字が表示できるようになってきており、こうした問題が解消されつつあります。

Q 05　読み方が難しい単語はどのように書いたらいいですか。

A 05　⇨ 平仮名や片仮名で書いたり、振り仮名を振ったりします。

　常用漢字表に載っていない漢字で表される語や、常用漢字であっても読みにくい語は、平仮名あるいは片仮名で書くとよいでしょう。次の例1、2、3の下線部の語は何と読むでしょうか。

> 例1　本日の16時を目処に、先方へ連絡を入れてください。
> 例2　今回の怪我については労災が認められた。
> 例3　部長の方針は強ち無謀とも言い切れない。

　例1の「目処」、例2の「怪我」、例3の「強ち」の漢字は常用漢字ですが、常用漢字表に載っていない、常用外の読み方をする語です。それぞれ次のように書くとよいでしょう。

> 〔修正後〕
> 例4　本日の16時をメドに、先方へ連絡を入れてください。
> 例5　今回のケガについては労災が認められた。
> 例6　部長の方針はあながち無謀とも言い切れない。

　例4、例5は「16時をめどに」、「今回のけがについては」と平仮名で書くこともできます。ただ、平仮名で書くと、前後の助詞とつながってしまい、語の切れ目がわかりにくくなります。片仮名で書くことで、どこまでが1語なのかが読み取りやすくなります。例6の「あながち（強ち）」は、打ち消しの語を伴って、「必ずしも」という意味を表す副詞です。副詞は平仮名で書きます。
　また、次の例7は読み間違いやすい語の例です。

> 例7　プロジェクト延期の訳を教えてください。

　例7の「訳」は「わけ」とも「やく」とも読むことができます。読み間違いを防ぐために、次の例8のように平仮名で表します。

〔**修正後**〕
> 例8　プロジェクト延期のわけを教えてください。

　また、例9の「萌芽」のように、語の一部だけが常用漢字ではない語もあります。

> 例9　今回は失敗だったが、新分野の研究の萌芽を感じた。

　「萌芽」の「萌」は常用漢字ではありません。そこで、例10、11のように仮名で表してみます。

> 例10　今回は失敗だったが、新分野の研究のほう芽を感じた。
> 例11　今回は失敗だったが、新分野の研究のホウ芽を感じた。

　例10は、「研究のほう」のように見えてしまいます。一方、例11は「ホウ芽」で一語だということがわかります。ただ、「萌芽」のように、日常的にあまり使わない語だとピンときません。その場合は、例12のように振り仮名を振るとよいでしょう。

> 例12　今回は失敗だったが、新分野の研究の萌芽（ほうが）を感じた。

Q 06 「やってみる」と「やって見る」のどちらで表記したらいいですか。
___
A 06 ⇨ 「（〜て）みる」「（〜て）いく」のような補助動詞は平仮名で書きます。

　ほかの語に付いて補助的な役割を果たす動詞や形容詞は、例1のように平仮名で書きます。

> 例1　社内でアンケートを<u>取ってみた</u>結果、労働環境の改善すべき点が見えてきた。

　本章のQ01で述べたように、助詞、助動詞は平仮名で書き、名詞や動詞などの実質的な意味がある語は漢字で書きます。そのことによって、実質的な意味がある語のほうが目につきやすくなり、文章が読みやすくなります。「取って見た結果」のように、補助動詞を漢字で書いてしまうと、実質的な「見る」の意味を持っているように見えてしまい、読みにくくなります。公用文においても、補助動詞は平仮名で書くべきものとされています。このような補助的な役割を果たす動詞や形容詞には、次のようなものがあります。

　ていく（て行く）、てくる（て来る）、てくださる（て下さる）、ていただく（て頂く）、たくない（たく無い）、てほしい（て欲しい）

　また、次のような、よく使う基本的な動詞も平仮名で書きます。

　できる（出来る）、する（為る）、なる（成る）

Q 07 「行ったことがある」と「行った事がある」のどちらで表記したらいいですか。

A 07 ⇨ 「〜ことが」「〜ものが」のような形式名詞の「こと」「もの」は平仮名で書きます。

　例1の「こと」、例2の「もの」のように、修飾する部分を受ける抽象的な名詞を形式名詞といいます。

> **例1** 部長のおかげで、目標を達成する<u>こと</u>ができた。
> **例2** この部屋にある<u>もの</u>はすべて使ってかまいません。

　形式名詞は「事」「物」と漢字で書かず、平仮名で書きます。ほかにも、「とき（時）」「ところ（所）」「ため（為）」「わけ（訳）」などがあります。
　また、次のようなものも平仮名で書いたほうがいいものです。

　　副詞　　：あまりに（余りに）、あらかじめ（予め）、まず、（先ず）
　　接続詞：および（及び）、かつ（且つ）、すなわち（即ち）
　　助詞　　：くらい（位）、ほど（程）、まで（迄）

　文章が漢字ばかりだと、見た目が重く、読みにくい印象を与えてしまいます。Q01で述べたように、名詞や動詞などは漢字で書くようにする一方で、Q06の補助動詞や、上に挙げた形式名詞などを平仮名で書くことで、漢字と平仮名のバランスがよい文章になり、読みやすい文章にすることができます。

Q 08　数字は算用数字で書きますか、漢数字で書きますか。

A 08　⇨「横書きは算用数字、縦書きは漢数字」が原則です。

　　数字の表記は、横書きは算用数字、縦書きは漢数字というのが原則ですが、最近では、縦書きの場合でも算用数字を使うことが増えてきているようです。また、算用数字は、特に理由がない限り半角にします。公用文については、文化審議会国語分科会の「『公用文作成の要領』を改める場合の考え方（たたき台）」（令和元年7月24日）でつぎのように説明されています。

(1)　横書きでは算用数字を、縦書きでは漢数字を用いる。ただし、以下のような場合は、横書きであっても漢数字を用いる。
ア　常用漢字表の訓、付表の語を用いた数え方
　　一つ、二つ、三つ…　一人（ひとり）、二人（ふたり）…
　　一日（ついたち）、二日（ふつか）、三日（みっか）…
　　一間（ひとま）、二間（ふたま）、三間（みま）…　等
イ　熟語、成語、ことわざを構成する数
　　二者択一、千里の道も一歩から、三日坊主　等
ウ　他の数字と置き換えられない数
　　三権分立、六法全書　等
(2)　「100億、30万円」のような場合には、億・万を漢字で書くが、千・百は、例えば「五千」「三百」としないで、「5,000」「300」と書く。
(3)　四桁以上の数は、「5,000」「62,250円」のように三桁ごとにカンマで区切る。

「公用文作成の要領」を改める場合の考え方（たたき台）　https://www.bunka.go.jp/seisaku/bunkashingikai/kokugo/kokugo_kadai/iinkai_29/pdf/r1419861_06.pdf

Q 09 本文のフォントは何がいいですか。

A 09 ⇨ 紙に印刷する場合は明朝体、モニターで見せる場合はゴシック体が基本です。

　日本語の文章でよく使われるフォントには、下記のようなものがあります。

> 〈**明朝体**〉　MS 明朝　游明朝
> 横線が細く、縦線が太い　→　本文向き
> 〈**ゴシック体**〉　MS ゴシック　游ゴシック　**丸ゴシック**
> 線の太さが均一　→　見出しや強調部分向き

　紙で配布する資料の本文に使うフォントは、長い文字列を目で追っても目が疲れないことが重要です。明朝体のフォントは、細めの線でできているので、読んでいても目が疲れにくく、本文に向いているとされています。また、読みやすさには、そのフォントを見慣れているかどうかも関係します。その点で、多くの人が子どもの頃から教科書で見慣れている教科書体も本文に適したフォントだといえます。

　一方、ゴシック体は、横線と縦線の太さがほぼ同じことが特徴です。目立ちやすいので、見出しや強調部分への使用に向いています。ただ、ゴシック体の中でも、游ゴシックのような細めのフォントは、本文に使っても読みやすいフォントです。

　また、プレゼンのスライドのようにモニターなどで見せる文章の場合、横線が細い明朝体は細い部分が見にくくなってしまいます。遠くからスライドを見る場合は、さらに見づらくなります。モニターで見せる文章には、ゴシック体のフォントが適切です。

Q 10　強調したい部分はどのように目立たせたらいいですか。

A 10　⇨ 本文とは違うフォントにするか、太字にしましょう。

　　強調したい部分を目立たせたい場合は、まず、その部分のフォントを変えるという方法があります。例 1 では、本文が MS 明朝、強調部分「見てすぐに認識できること」が MS ゴシックになっています。

> 例 1　見出しは、**見てすぐに認識できること**が重要です。

　　Q09 で述べたように、ゴシック体は目立ちやすく、強調したい部分にふさわしいフォントです。この方法を使う場合、複数のフォントを使うことで文章全体の統一感が損なわれることもありますので、フォントのバランスには注意してください。

　　フォントを変えるよりも簡単なのは太字にする方法です。Wordでは「B」のボタンをクリックすれば太字にすることができます。ただ、明朝体は太字にしてもあまり目立たないことがありますので、紙で配布する資料は印刷して見た目を確かめましょう。

　　一方、ゴシック体のフォントのうち、MS ゴシックは太字にすると文字がつぶれてしまうことがあります。本文をゴシック体にする場合は、游ゴシックを選ぶとよいでしょう。このフォントには、「游ゴシック light」「游ゴシック」「游ゴシック medium」などの太さが違う種類があり、さらに、「B」のボタンをクリックすれば「游ゴシック bold」という太いフォントになります。これらを使い分けることで、本文は読みやすく、強調したい部分は目立つようにすることができます。

Q 11　アルファベットのフォントは何を使ったらいいですか。

A 11　⇨ Times New Roman がおすすめです。

　アルファベットに使われる欧文用フォントの主なものに、Century と Times New Roman があります。文章作成によく使われる Word では Century が初期設定になっていますが、おすすめは Times New Roman です。

　一見、どちらを使っても大差ないように感じられますが、欧文で強調に使われるイタリック体にしたときに違いが出てきます。Word で文字をイタリック体にする「I」のボタンをクリックしてみてください。フォントを Times New Roman に指定している場合はきちんとイタリック体になりますが、Century ではイタリック体にならず、通常の字体が斜めに表示されます。これは、Century のフォントにイタリック体が用意されていないからです。

af	*af*	af	*af*
通常	斜体	通常	イタリック体
Century		Times New Roman	

　日本語の文章を書く際にはそれほど気になる部分ではないかもしれません。しかし、こうした細かいところに気を配ることで文章全体の印象が良くなります。

的確な記号の使い方

この章では、テンとマルといった句読点や、カッコなどといった
記号の使い方にかんする疑問について取り上げます。
これらの記号の使い方は、小学校で習ったことがあるものの、
社会に出てからはなんとなく使っている人も多いのではないでしょうか。
自身の記号の使い方を振り返りながら、
よりよい記号の使い方を学びましょう。

Q 12　**読点を使って文を読みやすくするにはどうしたらいいですか。**

A 12　⇨ 次の4点に気をつけて読点を打つと読みやすくなります。

　① 主語となる語句と述語の距離が遠いとき
　② 名詞の前に長い連体修飾節があるとき
　③ 名詞（句）を並べたときにわかりやすいかどうか
　④ 漢字と漢字のような同じ種類の文字が連続するとき

　読点はさまざまな条件により打たれます。しかし、読みやすさを基準とした場合、上の4点に気をつけると、読みやすくなります。

　①の主語となる語句と述語の距離が遠いときは主語の直後につく助詞「は」のあとに読点を打つというものです。
　例1のように「主語＋は」で始まる文で1文が長いときに読点を打つと、述部が遠くにあることがわかります。係り受けが明示されることで、その文の構造が読み手に伝わります。

> **例1**　レジ袋有料化は、レジ袋をごみ袋として使用している人々の家計に少額ながら負担をかけている。

　しかし、以下の例2のような短い文では読点を打つと強調の意味になるため、普通は必要ありません。また、それ以外にも例3のように対比を表す文など1文中に主語が二つある場合は、読点を打たない方が、まとまりがはっきりとして見やすくなります。

> **例2**　私は彼に挨拶した。

> **例3** この時計は受注生産の限定品だが、あの時計は市販の既製
>   品で珍しいものではない。

　②の名詞の前に長い連体修飾節（名詞を具体的に説明している表現）
があるときというのは、名詞にたくさんの情報がついている場合
には、その名詞の後の助詞に読点を打つというものです。

　例4のように、名詞に長い連体修飾節がついている場合、語と
語の距離が離れているせいで、どこまでが修飾語でどこからが被
修飾語なのかという語同士の関係性がわかりにくくなります。で
すので、例5のように、長い連体修飾節がある名詞の後の助詞に読
点を打つと、節のまとまりを明示することができ、情報が整理さ
れて見やすくわかりやすくなります。

> **例4** ご依頼させていただく上記テーマについての情報をご自身
>   の言葉でまとめてください。
> 〔 修正後 〕
> **例5** ご依頼させていただく上記テーマについての情報を、ご自
>   身の言葉でまとめてください。

　③の名詞（句）を並べたときにわかりやすいかどうかというの
は、名詞（句）と名詞（句）の関係性に気をつけて読点を打つと
いうものです。
　単純に三つ以上の名詞を並べるだけなら、次の例6のように読
点を打つだけで問題ありません。

> **例6** 納品可能な形式は JPG、PNG、GIF です。

ですが、並列の関係性をより正確に示したいときには、例7や例8のように助詞を最初に使いましょう。

例7　作成依頼するのは JPG と PNG、GIF です。
　　　（この3形式だけを依頼）
例8　作成依頼するのは JPG や PNG、GIF などです。
　　　（この3形式以外も依頼）

　ただし、「〜や〜、など」ではあいまいさが残るので、使う際には注意が必要です。また、例9のように助詞を続けて使用すると、子どもっぽい印象を与えてしまいますので、気をつけましょう。

例9　納品可能な形式は JPG と PNG と GIF です。

　さらに、並列の助詞の後に読点を打つ人がいますが、この読点は特に打つ必要がない読点です。ただし、名詞にかかる修飾語が長いときには例10のように助詞の直後に読点を打つことで、それぞれの名詞をわかりやすく示すことができます。

例10　最近、他のサイトからコピーした記事や、書き出しが同じ
　　　記事が増えています。

　④の漢字と漢字のような同じ種類の文字が連続するときというのは読み間違いを防ぐための読点です。同じ種類の文字（漢字と漢字、平仮名と平仮名など）がつづけて書かれている場合、どこが語の切れ目なのかがわかりにくいことがあります。

　下の例 11 では、「今」＋「日本研究」なのか、「今日」＋「本研究」なのかがサッと読んだだけではわかりにくくなっています。読み手のために、語の切れ目を読点で明示するようにしましょう。

　例11　今日本研究の担当者から説明があります。

〔修正後〕

　例12　今日、本研究の担当者から説明があります。

　読点の打ち方の基本は、どのように読点を打てば読み手にとってその文がわかりやすくなるかを考えることです。今回紹介した、これら四つの読点は、文の構造や語の関係性、文字の見た目といった条件のもとで使用されるものですが、いずれも読み手に配慮するための読点の使い方です。実践する際には、読み手の立場に立って読み返してみると、上手に読点が打てるようになります。

column

::

　語の切れ目がわかりにくいかどうかをチェックする方法の一つに形態素解析というものがあります。

　形態素解析というのは簡単に言うと文を単語に分割し、その品詞を推定するという処理のことです。

　形態素解析をパソコンで行うには形態素解析器をインストールする必要がありますが、Web 上で行えるサイトもあります。

　例えば、形態素解析ウェブアプリ UniDic-MeCab（http://www4414uj.sakura.ne.jp/Yasanichi1/unicheck/）というページで、例 1 の文に形態素解析を行ってみると、例 2 のようになります。

例1　今日本研究の担当者から説明があります。

例2　今｜日本｜研究｜の｜担当｜者｜から｜説明｜が｜あり｜ます｜。

（"｜"は単語（形態素）境界を表す）

　このように前ページ例 12 での想定（「今日｜本｜研究」）とは異なる結果になりました。このような場合は単語の切れ目をわかりやすくするために読点を入れるようにした方がよいでしょう。形態素解析が必ず正しい結果を返すという保証はできませんが、読点を打つ際の参考にはなるでしょう。

Q13 カッコと句点はどのように組み合わせて使ったらいいですか。

A13 ⇨ 基本的にカッコも文の一部です。閉じカッコの外に句点を
つけましょう(つまり [〜] 。 の形式です)。

例1のように文末にカッコをつけて補足することがあります。こ
のとき、このカッコも含めて一つの文です。ですので、閉じカッ
コの外に句点をつけます。ただし、例2のように改行を本文とカッ
コの間に挿入した場合、1行で一つの文として考えます。このと
きは、カッコがない文にも、カッコ内の文にも句点をつけましょ
う。

> 例1 コピペは絶対にやめてください (ツールで確認します)。
> 例2 コピペは絶対にやめてください。
> (ツールで確認します。)

なお、同じカッコでもかぎカッコだけ特別です。学校の国語教
育では、例3の例のように会話文で閉じかぎ (」) の前に句点をつ
けると習った人も多いはずです。しかし、最近では、句点をつけ
ない方が一般的です。例4のように新聞や小説などでも閉じかぎ
の直前に句点はつけません。

> 例3 「ロボットが代わりに書いてくれると助かんねんけどな。」
> 例4 「ごん、お前だったのか。いつも栗をくれたのは」

Q14 箇条書きに句点は必要ですか。

A 14 ⇨ 名詞で終わるときには句点は不要です。それ以外の述語で
は句点をつけましょう。

　箇条書きでは、各箇条が文の形で終わる場合には句点をつけます。「〜もの」「〜こと」「〜場合」「〜とき」で終わる場合は句点をつけません。

> 例1　応募方法
>> ・簡単な自己紹介や実績をご提示ください。
>> ・条件提示にてご希望の報酬金額を入力してください。
>
> 例2　収集したデータに以下のようなことが見つかった場合は非承認とします。
>> ・誤りがあった場合
>> ・重複があった場合
>> ・抜け漏れがあった場合

　また、例3のように名詞で終わっている場合（＝体言止め）も句点必要ありません。これは、体言止めは文を途中で終了し、内容を断片的に提示しているため、文の終止を示すのに必要な句点が不要となることによります。

> 例3　【非承認となる例】
>> ・他サイトからのコピペ
>> ・他の案件において作成した記事

Q15 カッコは主にどのカッコを使えばいいですか。

A 15 ⇨ 基本的には【】()「」の三つを使いましょう。

　　カッコにはさまざまな種類があり、使い分けには悩むところです。ビジネスの世界ではどのようなカッコが使われているのか、実際のビジネス文書の見出し 28,896 件を調査した結果、上位 3 位のカッコは以下のとおりでした。

【】 62%　　　() 26%　　　「」8%

　　このように、上位の三つだけで全体の 96% を占めていました。つまり、ビジネス文書で使うカッコについて考えると、この三つのカッコが基本と言えるでしょう。三つのカッコの基本的な機能は次のとおりです。

【】 隅付（すみつき）カッコ
・強調

() パーレン（丸カッコ）
・注釈　　・説明　　・言い換え

「」 かぎカッコ
・会話文や発話の引用　　・タイトル　　・商品名

　　以下では、それぞれのカッコのくわしい使い方を見ていきます。

隅付カッコ【　】は要点を目立たせたいときに使うと効果的なカッコです。特に便利でわかりやすいのは、例1と例2のようにメールの件名の頭に使う方法です。

> 例1 【至急】ウェブデザイン変更のお願い
> 例2 【7/17 〆切】記事作成のリマインド

　隅付カッコは黒い部分が他のカッコよりも多く、非常に目を惹きます。ですので、例1の【至急】のようにそのメールの用件を端的に表す表現を隅付カッコの中に書くと、読み手にメールの内容がすぐにわかります。
　隅付カッコの中に入れる表現としては、以下のような語句があります。

【注意喚起】【要確認】【お伺い】【リマインド】【訂正】

　メールでは、場合によっては件名の末尾は表示されないことがあります。ですので、末尾には隅付カッコは使わないようにしましょう。もし必要であれば、次の例3や例4のように件名の冒頭に隅付カッコを重ねて使用するか、コロン（：）で区切ったほうがよいでしょう。

> 例3 【重要】【必ずお読みください】在宅勤務の手続きについて
> 例4 【重要：必ずお読みください】在宅勤務の手続きについて

　また、次のようにスペースを挿入して具体的な日時を書いておくと、読み手が後からメールを探すときなどに便利です。

> 例5 【日程決定　7/15（水）13：00〜】情報交換会について

　パーレン（　）は、注釈や説明、言い換えなどといった本文よりは重要度が低い情報を書きたいときに使います。パーレン（　）のことを単にカッコといったり、広い意味でのカッコと区別するために丸カッコということがあります。このパーレンは、次のように誤解が生じないようにするために伝えたほうがいいときに使います。

> 例6 パーレン（丸カッコ、カッコということもあります）はビジネス文書だけでなく、チャットなどでも使われます。

　そのほかにもパーレン（　）は、例えば、次のように人の名前の読み方を示して注釈を入れる場合や、ついでに伝えておくことがある場合に使うことができます。

> 例7 栁田（やなぎだ）さんです。
> 例8 午前はミーティング参加（午後は半休）

　また、あえてカッコの中に文を書くことで、書き手の気持ちや本音を読み手に伝えることができます。

> 例9 参考までに転送いたします（お時間のあるときに見ていただけたらと思います）。

　かぎカッコ「　」は、その文が会話文であることを示したり、他の文章からの引用であることを示したりするときに使います。例

えば以下のように使います。

例10 「甘みと酸味のバランスがいいねえー！」
例11 先生の「それはちょっと…」という言葉が引っかかった。

また、論文などの題名や商品名を示すときにも使えます。

例12 岩崎拓也（2016）「中国人・韓国人日本語学習者の作文に
見られる句読点の多寡」
例13 新商品の「こぼれずわいがに」（680円）を食べてみました。

　かぎカッコの中にかぎカッコを使う際には、二重かぎカッコ『　』
を使うのが本来のルールです。ですが、最近ではあまり気にせず、
かぎカッコを使う人もいます。見やすさを重要視する場合は二重
かぎカッコを使用し、特に気にしない場合はかぎカッコを使用し
てもよいでしょう。

例14 「もしさ、『仕事と私、どっちが大事』って言われたらなん
て答える？」
例15 「もしさ、「仕事と私、どっちが大事」って言われたらなん
て答える？」

Q 16 句読点とカッコ以外では、どのような記号がよく使われますか。

A 16 ⇨ 中点などの記号が基本的ですが、最近では、音符や顔文字などの新しい記号も使われることがあります。

　句読点やカッコ以外に多く使う記号として、中点「・」があります。中点は名詞を並べて示すときに使います。読点の代わりに使うことで、見た目をすっきりさせることができます。

> 例1 　修学旅行は大阪、京都、奈良に行った。
>
> 例2 　修学旅行は大阪・京都・奈良に行った。

　ただし、名詞句など長い語句を複数並べて示すときに中点を使うとわかりにくくなります。助詞と読点を使うか、箇条書きにして示したほうがいいでしょう。

　また、中点は、以下のように箇条書きの頭の記号として使用することができます。

> 例3 　・本業務の経験がある方
>
> 　　　・在宅でのお仕事希望の方
>
> 　　　・自分の都合の良い時間に働きたい方

　ただし、例4のように箇条書きで名詞の並列に中点を使うと、やや見にくい場合があります（改行のし忘れなのかと思う場合があります）。この場合は、例5や例6のように助詞か読点を使用して並列関係を示しましょう。

例4 ・本業務の経験・実績がある方

例5 ・本業務の経験や実績がある方

例6 ・本業務の経験、実績がある方

　2020年にクラウドソーシングの発注文書の見出し28,896件を調査したところ、121種類もの記号が使われていることがわかりました。このようにたくさんの記号を使うのは、わかりやすくしよう（または目立たせよう）と工夫した結果なのかもしれませんが、見慣れない記号を使うと、その記号の意味がわからなかったり、読み手に違和感を与えたりするので注意が必要です。

　なお、多く使われていた記号は、中点（・）やチルダ（〜）、スラッシュ（／）、感嘆符（！）、疑問符（？）、音符（♪）、星（★）などでした。

　通常、「硬い」文章であると言われるビジネス文書では、感嘆符や疑問符、音符などは使われることがありません。ですが、クラウドソーシングの発注文書では、読み手の目を惹くためや親しみやすさを表すために記号が多用される傾向があります。

例7 現在、アイテムライターさんを募集中です♪

例8 わからない点があれば質問くだされればフォローするので安心してくださいね！

1-3

見やすいレイアウトの
組み方

この章では、改行や空白行、箇条書きといった

レイアウトにかんする疑問について取り上げます。

これらは文章の見た目にかかわる問題です。

文章の見た目のきれいさは読み手の

理解の一助となる大切なものです。

ビジネスで使うメールや文書をきれいに

整形するノウハウを学びましょう。

Q17 改行はいつ入れたらいいですか。

A17 ⇨ 語句の切れ目や助詞の後に入れましょう。

　学校で習った作文では、原稿用紙のマスに合わせて書くため、基本的には改行の仕方は習ったことがないと思います。実際、Wordに文章を書くときには、段落を変えるため以外に改行を多用することは多くないと思います。

　しかし、メールや PowerPoint で作る資料では、改行の適切な使い方が文章をきれいに見せるのに役立ちます。
　例えば、メールでは、次のように改行がないメールを書く人はいないと思います。

> 9/1（火）のミーティングの件なのですが、開始時刻を 11:00 に変更していただけませんでしょうか。

> 9/1（火）のミーティングの件なのですが、
> 開始時刻を 11:00 に変更していただけませんでしょうか。

　メールの場合、改行する位置は、読点の打ち方と同じで、「が」「し」「けど」などの接続助詞や連用形中止（「〜食べ」「〜なく」のような形）の後に改行を入れると読みやすくなります。

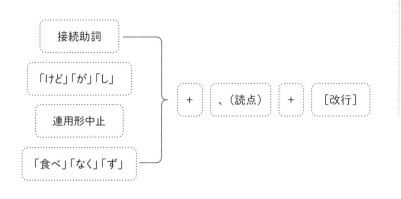

　また、PowerPoint の場合、プレゼンテーションのために見やすい文を短く端的に書いて示す必要があります。その際、テキストボックスに書かれた文が単語の途中で改行されてしまっていると、読み手にとっては、非常に見にくくなってしまいます。

> 優秀な受注者を獲得するには、業務の条
> 件を明確にして、丁寧な文体で書く必要
> がある。

> 優秀な受注者を獲得するには、
> 業務の条件を明確にして、
> 丁寧な文体で書く必要がある。

　このような場合は、改行を入れて、単語の途中で次の行に移らないように気をつけましょう。場合によっては、改行だけでなく、テキストボックスのサイズを変えたり、文内の表現を変えることによって句のまとまりがあるところで改行されるように調整しましょう。

Q 18　空白行はどういうときに入れればいいでしょうか。

A 18　⇨ 話題が変わるときに入れるといいでしょう。

　段落には「改行一字下げ」と「空白行一字下げなし」があります。

　「改行一字下げ」は国語の授業で習ったもので、今でも小説や新聞などで段落を示す際に使用します。「空白行一字下げなし」の段落は、メールやブログなど電子媒体の文章で多く使用されます。

> みなさま
> 　お世話になっております。岩崎です。9/1（火）のミーティングなのですが、11:00～12:00 に変更お願いできませんでしょうか。
> 　よろしくお願いいたします。

> みなさま
> 　　　　　　　　　　　　　　　　　　　←空白行
> お世話になっております。
> 岩崎です。
> 　　　　　　　　　　　　　　　　　　　←空白行
> 9/1（火）のミーティングなのですが、
> 11:00～12:00 に変更お願いできませんでしょうか。
> 　　　　　　　　　　　　　　　　　　　←空白行
> よろしくお願いいたします。

　学校で書いていた作文のようにたくさんの文によるまとまりが

ほとんどなく、1〜2文で一つの段落が作られていることがわかると思います。メールでは、空白行を多くすることにより、文字でびっしりにならないようにします。そうすることで読み手のストレスが軽減されます。

　また、図表の前後、箇条書きの前後にも空白行を入れることで、それぞれのまとまりを示すことができます。

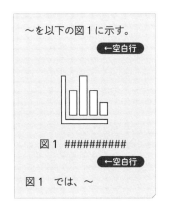

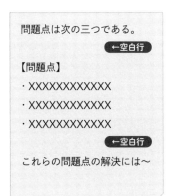

　また、以下の二つの例のように、大切な一文や情報を強調させるためにその文の前後に空白行を入れて目立たせることもできます。

当学会では、音韻論、形態論、統語論、意味論、語彙論、語用論、談話分析、応用言語学、コーパス言語学、心理言語学、社会言語学、第二言語習得研究、バイリンガリズム、言語教授法、言語教育工学、言語学習支援、言語産出など、多様な分野を対象としています。

←空白行

現在、12 月 20 日（日）の口頭発表・ポスター発表の発表者を募集中です。

←空白行

応募の締め切りが 8 月 10 日（月）と迫っております。言語学、日本語学、日本語教育学関連の発表であれば、どなたでもご応募可能です。

　それ以外にも、空白行を重ねて 2 行分入れることで、他の段落との話題の異なりや転換を示すことが可能です。これは、メールではあまり見られませんが、書籍や Web 媒体の発注文書などではよく見られる手法です。

■必要な環境
・インターネット接続環境のみ

←空白行

←空白行

■募集条件
・1日1〜3記事作成が可能な方（少ない記事数を希望で可）
※急用などで納品できない場合はこの限りではありません。
※まとめての納品も可能です。
　例、月曜日に3記事納品し、火・水は納品なしなど。

←空白行

※納期や記事数など多い方がいい！少ない方いい！など融通
はきかせる事も可能です。

　文章を書きながら、どこに空白行を入れるのかと言うのは、案外簡単なようで難しい作業かもしれません。

　そんなときは、まず一気に文章を書いてしまって、それから適切だと思う箇所に空白行を入れていくことをおすすめします。この作業は、文章の単位から段落の単位へ文を区切っていくというものです。そうすることで、自分が書いた文章を再度推敲でき、より洗練された文章になります。

　一つの段落にどのような情報を詰め込んで示せば見やすくわかりやすく伝えられるのか、ということについては1-6の「的確な情報選択」に詳しく書かれていますので、ご参照ください。

Q 19　わかりやすく箇条書きをするにはどうしたらいいでしょうか。

A 19　⇨ 箇条書きは、1文を短くして、適切な記号とレイアウトで見せることが大切です。

　箇条書きでは、簡潔に表現することが大切です。
　箇条書きをわかりやすく示すポイントは次の四つです。

- ・文は短くする。
- ・文末を揃える。
- ・リード文で箇条書きを予告する。
- ・場合によっては提示順を変えて整形する。

　箇条書きは情報を整理して書くものです。1項目にたくさんのことを書いている箇条書きを見かけます。その場合は、階層構造を作るか、省略するなどして短くするように心がけましょう。
　また、上の例のように、「ポイントは次の○つです」と箇条書きが現れることを予告しておくのもよい方法です。特に、並列する場合、いくつあるかあらかじめ書いておくと読み手にやさしくなります。
　そのほかにも、箇条書きでは、文末を揃えるのも見た目をきれいにするためのコツです。名詞なら全ての文が名詞で終わるようにする、文末を「〜こと」「〜ため」などで統一するなど、文末に気をつけましょう。

> 例1　以下のものは非承認です。
>
> - ・コピペツールで引っかかった<u>もの</u>
> - ・日本語として難がある<u>もの</u>
> - ・著作権に違反する<u>もの</u>

> 例2　応募の最低条件
> ・パソコンをお持ちの方
> ・本業務の経験がある方
> ・週に2日作業時間を確保できる方

　このように、箇条書きはたしかに便利なのですが、例1のように
てきとうに並べただけでは、情報同士の関係性がわからなくなっ
てしまうことがあります。箇条書きの内容が順序を問わない並列
なのか、順序が大事な手順なのかわかるように適切な記号を使い
分けましょう。

　順序を表す必要のない並列は、数字は使わずに、中点を使って
箇条書きにするとよいでしょう。

> 例3
> 1）ファッションが好きな方　　　　・ファッションが好きな方
> 2）報告、連絡がきちんとできる方　→　・報告、連絡がきちんとでき
> 　　　　　　　　　　　　　　　　　　　る方
> 3）デスクワークに慣れている方　　・デスクワークに慣れている方

　反対に、順序を表すときには、中点ではなく、数字を使って箇
条書きをするほうが読み手にはわかりやすいです。

> 例4
> ・記事タイトルの確認　　　　　　　1）記事タイトルの確認
> ・記事作成　　　　　　　　→　　　2）記事作成
> ・記事納品　　　　　　　　　　　　3）記事納品

また、プレゼンの資料では、例5のように「問題」のようなといった言葉と数字を合わせて使うとわかりやすさが増します。

> 例5
> 問題1：相手のITリテラシーによって対応に差があること
> 問題2：パソコンによっては未対応の場合があること

　さらに、箇条書きでは同じ記号を繰り返して使わないことが大切です。次に示す「修正前」の例では、箇条書きの記号として算用数字が2箇所使われていました。会議などでこの資料を使って話し合うと、「1番ですが」と言われても、どの1番を指しているのかがわからなくなります。「修正後」のように同じ記号は使用しないようにしましょう。

修正前

【議題】
1. 事業報告書について
　　1）表紙・中身デザインの共有
2. Webデザインについて
3. 来月のシンポジウムのコンテンツ案について
　　1）各人がPPTで3分ほど紹介
　　2）既存コンテンツで対応

修正後

【議題】

1. 事業報告書について
　　1-1. 表紙・中身デザインの共有
2. Web デザインについて
3. 来月のシンポジウムのコンテンツ案について
　　3-1. 各人が PPT で 3 分ほど紹介
　　3-2. 既存コンテンツで対応

　最後に、箇条書きでは、インデントや字下げをすることで視覚的に明示することが大切です。

　階層構造を示すときには記号の使い分けも有効ですが、視覚的により明示するためにはさらに 1 字分スペースを入れるとよいでしょう。

XXXXXXXXXXXXXXXXXX
・XXXXXXXX
・XXXXXXXX
・XXXXXXXX

XXXXXXXXXXXXXXXXXX
・XXXXXXXX
・XXXXXXXX
　・XXXXXXXX

　また、箇条書きが次の行に渡ってしまう場合には、1 字分ぶら下げします。そうすることで、箇条書きであることを示す中点がはっきり示されます。

×	○
・XXXXXXXXXXXXXXXXXX XXXXXXXXXXXXXXXXXXXXX ・XXXXXXXXXXXXXXXXXX XXXXXXXXXXXXXXXXXXXXX	・XXXXXXXXXXXXXXXXXX XXXXXXXXXXXXXXXX ・XXXXXXXXXXXXXXXXXX XXXXXXXXXXXXXXXX

　この字下げとぶら下げは、自分で改行した後に1字分スペースを入れて調整することもできますが、ルーラー機能を使うか Word や PowerPoint の箇条書き機能を使うときれいになります。

読み手に伝わる言葉選び

読み手に内容をしっかりと伝えるためには、

どのような点に気をつけて言葉を選んだらいいでしょうか。

この章では、読み手に伝わりやすい言葉、

内容を的確に伝えられる言葉、また特にビジネスに多い

外来語についても使用時の注意点を取り上げ、

読み手に伝わる言葉選びのポイントについて考えていきます。

Q20 読み手に伝わりやすい言葉とはどんな言葉ですか。

A 20 ⇨ 読み手の知識を考えて選んだ言葉です。

具体的には…

① 読み手が知らない言葉は使わずに、知っている言葉に
置き換えましょう。

② 読み手が難しいと感じる（かもしれない）言葉には
補足説明を付けましょう。

ビジネスには多くの専門用語が出てきます。もしも、あなたが
仕事内容の書かれた文書を受け取った時、その文章に知らない言
葉や馴染みのない言葉がたくさん使われていたら、何度読んでも
理解できず、一体どうやって仕事をしていいかわからないはずで
す。かと言って、いちいち調べたり、同僚に聞いたりしていては、
スピード勝負のビジネスの世界では乗り遅れてしまうかもしれま
せん。読み手に伝わりやすい言葉とは、書き手自身が「どんな人
が読み手なのか」また「読み手にはどんな知識があるのか」を想
像し、選択された言葉なのです。例えば、このような文章を受け
取ったら、仕事の内容がわかりますか？

例1 商材をシステムに入力してください。
例2 月末の玉数を教えてください。

例1の「商材」は、漢字を見ただけでは商品？、材料？と悩ん
でしまう人も多いかもしれません。「商材」とは一般的な売り物の
ことで、決して「材料」だけを指すのではありません。販売業を
営む人にはなじみのある語ですが、一般的にはあまり使われるこ

とのない専門用語の一つです。「商品」と言い換えれば、すんなりと理解できる人が多いでしょう。

例2は、「玉数」(「たまかず」と読みます) は、「玉の数」だからパチンコの玉？、毛糸の玉？の数のことだろうと思う人もいるかもしれません。しかし、「玉数」と言えば自動車やオートバイの業界では、在庫の台数を指します。業界では慣習的に使われている言葉ですが、それ以外の人にはあまり知られていない言葉です。「在庫台数」と言い換えるとわかりやすいでしょう。

> 〔修正後〕
> (例3) <u>商品</u>をシステムに入力してください。
> (例4) 月末の<u>在庫台数</u>を教えてください。

言葉そのものを置き換えるのではなく補足説明を加えることでわかりやすくなる場合もあります。

> (例5) 葉書のデザインには、弊社の<u>機械色</u>（濃紺）も参考にしてください。
> (例6) 弊社と<u>NDA</u>を結んでから作業してください。

例5では、「機械色」という聞きなれない語が使われています。これも専門用語の一つで、一般に工場では「機械色」というと、目に過度の刺激を与えないように機械に塗られた色（例えば若草色、よもぎ色）を指します。他にも操作盤には周囲より明るい「焦点色」、工場建物の内装には「環境色」などのように色彩を調整する習慣があります。製造業や工場での勤務経験がある人は耳にしたことのある言葉かもしれませんが、葉書をデザインするデザイナーに

なじみのある語かどうかは未知数です。例えば「会社紹介の5ページに載っている工作機械の色」というように、読み手がどこで色を確認できるかという情報を補足すればわかりやすくなります。

　例6では、突然「NDA」といわれても初めて仕事を引き受ける人は面食らってしまうかもしれません。「NDA」は、Non Disclosure Agreement の略で秘密保持契約を指し、業務上知りえた秘密を第三者に開示しないという言わば守秘義務のことです。取引相手と締結して、企業の秘密情報の流出を防止するわけです。例えば、このような語には別途、アスタリスクを付けて英語を省略せずに記載したり、日本語訳を掲載するのも一案です。専門用語には、説明を補足することで読み手の理解を補うとわかりやすく伝えられます。

〔修正後〕

例7　葉書のデザインには、弊社の<u>会社紹介の5ページに載っている工作機械の色</u>（濃紺）も参考にしてください。

例8　弊社と<u>NDA*</u>を結んでから作業してください。
　　　* Non Disclosure Agreement（秘密保持契約）

　このように、ある業界や分野では当たり前のように使われている語が、それ以外のところでは全くなじみのない語であることは非常に多いものです。まずは、書き手である自分自身のビジネス知識と読み手のビジネス知識は違うということを意識してください。もちろん、読み手はこれくらいの語を理解し、仕事をすることができる（あるいは、読み手はその能力のある人だけだ）と判断すれば、そのままで問題ありません。むしろ、その言葉を理解できる専門知識を持った人だけに仕事を依頼したいのならば、あえて専門用

語を使うことで求職者をスクリーニングする場合もあるかもしれません。しかし、そうでないのならばまずは、自分の文章を目にする可能性のある人は、どれくらいの知識があり、自分が使用した言葉を果たして知っているだろうか？意味を理解できるだろうか？と想像しながら言葉を見直してみることが重要です。

図　書き手の知識と読み手の知識は一致しない

　読み手の知識に配慮する具体的な方法としては、例えば、全く異なる仕事をしている家族に自分が書いた文章を読んでもらい理解できるかどうか確認するといいでしょう。また、専門用語については自分が勤めている業界の専門用語はさることながら、他の業界でも使用されている言葉なのか、同じ言葉が業界毎に異なる意味で使われていることはないだろうかと確認することも有効です。簡単に業界の言葉を調べるには、Weblio 辞書 * が便利です。「ビジネス」カテゴリーには、複数の業界の専門用語集（ex. 会計用語、マーケティング用語、人材マネジメント用語など）が網羅されています。読み手が知らないと思われる語は、知っている語に置き換える、また、難しいと感じられる語には補足説明を加えるなど、読み手の知識に配慮した語を選択することが大切です。

* https://www.weblio.jp/cat/business

　何が専門用語か、というのは客観的には判断しづらいものです。特に自分がその専門分野のことをよく知っている場合、自分では当たり前だと思っている語が分野外の人にとってはそうではない、ということはよくあると思います。

　書こうとしている語が専門用語かどうか判断しづらいときは検索エンジンでその語がどの程度使われているか、どのようなページで使われているかを参考にしてみるとよいでしょう。

　例えば、「機械色」を検索すると約 30,000 件程度しかありません。何件あれば専門用語ではない、とは一概には言えませんが、単語で検索して数万件程度であれば、一般的ではないかもしれない、と考えた方がいいかもしれません。

　一方で、「商材」の検索結果は 1 億件以上ありますが、検索結果の最初の方に辞書のページや言葉の使い方のページが出てきました。実際にその単語が使われているページではなく、その言葉の説明についてのページが現れてくる場合も一般的ではないと言えるでしょう。

Q 21 **内容を的確に伝えるにはどうしたらいいですか。**

A 21 ⇨ 言葉の前後のつながりをチェックしましょう。

具体的には…

① 言葉の前後の組み合わせは正しいでしょうか。

② 言葉と内容の前提は合っているでしょうか。

ビジネス文書で何となくしっくりこない時は、言葉のつながりが悪いために、内容を的確に伝えられていない可能性があります。言葉の前後の組み合わせが誤っていると、何となくすわりが悪い感じがします。また、読み手との間に誤解が生じたり、読み手に余計な詮索をさせて負担を強いてしまう可能性もあるので注意が必要です。以下は実際の仕事の依頼文です。

> 例1 初心者には、専門知識がなくても<u>制作</u>できる記事をお願いしています。
>
> 例2 口コミが<u>薄い</u>場合は非承認になります。

例1の「制作」は間違いとは言い切れないかもしれません。しかし、ここで依頼している仕事は、後ろに続く「記事」を書くことです。「制作」と言うと、「卒業制作」のように大きな作品をみなで創り上げることや、番組を「制作」するというように映像を交えたものを作るイメージがあります。「記事」とのつながりを考えると、「作成」あるいは「執筆」がしっくりきます。

例2の「口コミ」と「薄い」の組み合わせには、違和感があります。「口コミ」ならば、「少ない」でしょうし、「薄い」を活かすのであれば、「（口コミの）内容」が「薄い」という組み合わせにす

れば内容が正確に伝わるでしょう。前後の語句とのバランスに気を付けることが重要になります。

〔修正後〕

例3　初心者には、専門知識がなくても作成できる／執筆できる記事をお願いしています。

例4　口コミが少ない場合には非承認となることがございます。
（あるいは、「薄い」を活かすのならば、「内容が薄い場合」）

　さらに、一文という枠を超えて、文章の前提や背景から見た視点が必要になる場合もあります。以下の例5は勧誘の電話をかける仕事の依頼の一文です。

例5　トークマニュアルがございますので、簡単に参入していただけます。

　「トークマニュアルがある」という仕事の条件の良さをPRしているのですが、「参入」には問題があります。「参入」は、新たな企業が市場に入ってビジネスを始めることを指します。ここでは、あくまで個人に対して仕事を依頼することを前提としており、つながりが不自然なのです。「参入」ではなく「参加」が適切でしょう。例えば、誰に対して仕事を依頼しているのか（個人 or 法人）という状況に即した語を選ぶ必要があります。

〔修正後〕

例6　トークマニュアルがございますので、簡単に参加していただけます。

　文としてはしっくりこないのだけど、代わりにどんな言葉を使ったらよいかわからない、というときには辞書を使って類義語を探すという方法もありますが、Web でどのような言葉が使われているかを探すという方法もあります。

　検索エンジンによっては指定の仕方は異なりますが、例えば Google の場合は「"＊（アスタリスク）"」を探したい言葉の位置に置いて検索することでそのような事例を検索できます。P.71 の例 1 の場合だと「"＊できる記事"」や「"記事を＊できる"」で検索します。この方法の場合、アスタリスクの部分には様々な言葉が現れてくるのでこの中から自分が書きたい内容にあったものを探す必要があります。

　例えば、上記のキーワードで検索すると「投稿できる」や「保存できる」などが検索結果に多く出現しますが、これらは元の文で書きたい内容ではありません。そういう場合は、それらの語の前に"-"（マイナス）を付けたものを検索キーワードに加えて検索することでその語を含まない検索結果を表示することができます。この例では、「"記事を＊できる"- 投稿 - 保存 - 検索」で検索すると「改善できる」や「執筆できる」が検索結果に出現しました。

　「執筆できる」のような漢語動詞の場合は「＊できる」で検索できますが、「書ける」のような和語動詞の場合、動詞によって活用形が異なるので一つのキーワードで検索することはできません。そういう場合、「書ける」は「書くことができる」と言い換えられるので、「"記事を＊ことができる"」で検索することで「書く」や「読む」などの和語動詞も検索することができます。

Q22 和語・漢語と外来語のどちらを使えばいいですか。

A22 ⇨ 外来語が和語や漢語で言い換え可能な場合は、和語や漢語を使いましょう。

　ビジネスの世界は、外来語であふれています。外来語は新しい物、サービス、概念を表す語に多く使用されています。そして、外来語を使うと斬新でカッコイイと感じることもあるかもしれません。一方で、意味のわからない外来語に出会って、思わずスマホで意味を調べてしまったという経験もあるのではないでしょうか。もしも、外来語が和語や漢語に言い換えられるような場合には、外来語を使用せずに、和語や漢語を使うことをお勧めします。ビジネスはスピードが命ですから、読み手に調べさせるのは時間のムダと言えるでしょう。また、なじみのない外来語を使用すると、当事者同士で意味の解釈が異なったり、ミスコミュニケーションが発生してしまう可能性も否めません。

例1 商品の<u>ディテール</u>説明をお願いします。

例2 ご意見を募集しています。<u>ブレスト感覚</u>でいろいろと記入してください。

　例1の「ディテール」は細かい部分のことです。最近では時々耳にするようになりましたが、まだ一般的に馴染みのある語とは言い難い気がします。「詳細な説明」「（商品の）細部の説明」とした方がわかりやすいでしょう。
　一方、例2の「ブレスト」とは「ブレインストーミング」（brainstorming）の略で、自由にアイディアを出し合いながら、新しい考え方や解決策へと導いていく方法です。「ブレスト」に「感

覚」を付けて「ブレスト感覚で」と言えば、気軽に自由な発想の意見を広く募集しているということになります。ただ「ブレインストーミング」を実際に職場や学校で経験したことがある人は多くなく、ピンとこない可能性が高いでしょう。例えば「自由な発想で」「気軽にアイディアを出して」と言い換えた方が、具体的なイメージをもって相手に伝わるのではないでしょうか。

〔**修正後**〕

例3 商品の詳細な説明をお願いします。

例4 ご意見を募集しています。自由な発想でいろいろと記入してください。

また、例5は追加の人員募集のお知らせですが、誤った外来語の使用と受け取られかねない文です。

例5 キャパオーバーによる追加募集です。

「キャパオーバー」は文字通り「キャパシティオーバー」の略で、与えられた仕事などが大きすぎて自分の能力を超えていることを指します。従業員に許容量以上の仕事を与えている会社（つまりブラック企業？！）なのかと疑われてしまう可能性もあります。例えば「増産に伴う業務増加に対応するための」など、外来語を使用せずに具体的に理由を書けば、読み手に余計な詮索をされずにすみます。

〔**修正後**〕

例6 増産に伴う業務増加に対応するための追加募集です。

Q23 それでも外来語を使うときは、どこに気を付けたらいいですか。

A23 ⇨ 外来語の理解を助ける補足説明を前後に入れましょう。

外来語を使用する時に注意したいのは、読み手が一読してすぐに意味がわからない可能性のある複数の意味を持つ語です。

> 例1 決済手数料は、従来の<u>リーダー</u>と比べて安いです。
> 例2 <u>モール</u>での商品登録経験を重視します。

外来語には多義語が多くあります。例1の「リーダー」は、【leader】ならば、指導者、あるいは点線・破線の意味、【reader】ならば、読本、読者の意味があります。例1を初めて読んだ人は、「リーダー」が最近、巷で頻繁に聞くようになった「QRコードリーダー」のような「情報の読み取り機器」を指すとわかればすんなりと理解できます。例えば、「リーダー」の前に「電子マネー決済対応の」と補足説明を入れることで、「情報の読み取り機器」の意味であることがわかりやすくなるでしょう。

また、例2では「モール」と聞いて、商店街やショッピングモールの「モール」が思い浮かびますが、さらにここではオンライン上のショッピングサイトだと気づくことは困難です。「モール」の後に（　）を挿入して、（例：Amazon、楽天など）のように具体例を入れることで理解の助けになるでしょう。

> 〔修正後〕
> 例3 決済手数料は、従来の<u>電子マネー決済対応のリーダー</u>と比べて安いです。

> 例4 　モール（例：Amazon、楽天など）での商品登録経験を重視し
> ます。

　ところで、言葉の意味を調べる時には、国語辞典を利用する人が多いはずです。最近では、オンライン辞書が普及し、国語辞典だけでなく、様々な辞書や百科事典などを含めて簡単に調べることができるようになりました。例えば、外来語の意味を知りたい時に便利なのが goo 辞書 * です。国語辞典だけでなく英和・和英、類語、人名、専門用語などの辞書が横一列のメニューとして並んでいるので、手軽に横断的な検索が可能です。

　例えば、一度「モール」と入力すると、国語辞典だけでなく英和・和英辞書、人名事典、Wikipedia の検索記事、住宅用語集まで1クリックでチェックすることができます。特に外来語の複数の意味については、国語辞典だけでなく和英辞典を見るのが有用です。和英辞典では「shopping mall」という外来語の語源の情報がひと目でわかります。外来語の元となる英語と合わせて理解することで、外来語の意味がしっくりくることも案外多いものです。

　外来語では、例に挙げた「リーダー」「モール」のように一見すると平易な語が、実は複数の意味を有していてわかりづらいと感じられることが少なくありません。外来語が指すモノや事柄がすぐにイメージできるか、複数の意味があって異なる意味で使用されることはないかと見直すことが重要です。そしてオンライン辞書などで複数の意味を確認してみてください。使用する外来語に補足説明を加えることで、読み手の理解を助け、他の意味とうっかり取り違えたり、意味がわからずに困惑してしまうことがないよう注意することが大切です。

* https://dictionary.goo.ne.jp/

column

::::::::::::::::::::::::::::::::::::::

　自分が書こうとしている文で使おうとしている語や句を検索することでその使い方や事例を見ることができます。

　しかし、自分が書いている句をそのままキーワードにして検索しても検索結果が少なかったり、場合によっては検索結果が見つからない、といったことが起こったりします。

　検索結果が見つからない原因でまず考えられることは以下の二つです。

・キーワードが長すぎる

・製品名など固有名詞がキーワードに含まれている

　このような場合は、固有名詞や文の一部などをキーワードから消して再度検索することで検索結果が増えることがあります。

　どれを消したらよいかわからない、というときは検索したい表現から遠い位置にある語や句を消してみましょう。再検索の結果に自分の欲しい情報があまり含まれていないようであれば元に戻して別の箇所を消してみる、といったように色々と試してみるといいでしょう。

　キーワードが短いのに検索結果が少ない場合は、例えば " * できる記事 " を " 記事を * できる " のように連体修飾の形から文に、あるいはその逆にしてみる、語順を変えてみるなどしてみるといいでしょう（P.73 参照）。

　また、満足できる検索結果でなかったとしても、検索結果に表示されるキーワード周辺の文章からどういう表現が用いられるかを見るというのも検索のコツです。

ビジネス文書に
ふさわしい接続詞

みなさんは接続詞と聞いてどんな言葉を思い浮かべるでしょうか。

「だから」、「しかし」、「そして」……そうです、

前後の文脈をつなぐときに使う言葉が、接続詞です。

文章の中で接続詞は、ただ「つなぐ」だけではなく、

後に続く展開を予告することで読み手の理解を助ける、

大事な役割も果たしています。この章では、

ビジネス文書にふさわしい接続詞の使い方を紹介します。

Q 24 ビジネス文書で使わないほうがいい接続詞はありますか。

A 24 ⇨ 目上に対する「上から目線の接続詞」を避けましょう。

　ビジネスの場面では、相手との上下関係がつきものです。上司と部下のような立場上の上下関係はもちろん、相手に何かを依頼したり謝罪したりするときの場面上の上下関係もあるでしょう。

　接続詞を使用する場合、自分よりも目上の相手に対して、上から目線の接続詞を使用していないか、注意が必要です。上から目線の接続詞には、次のようなものがあてはまります。

上から目線になりやすい接続詞

・ 新しい話題に移るときの「さて」「ところで」
・ 順序を述べるときの「まず」
・ 相手の意図を確認するときの「要するに」
・ 制限事項を付け加えるときの「ただし」

　新しい話題に移るときの接続詞は、上から目線になりやすいです。例えば、取引先から次のような謝罪文が届いたとしましょう。

例1　平素よりお世話になっております、〇〇社の××です。
　　　<u>さて</u>、このたびは弊社製品に不具合があり、大変ご迷惑をお掛けしましたことを深くお詫び申し上げます。

　例では「さて」が用いられることによって、謝罪する立場にあるはずの取引先が突然気持ちを切り替え、堂々と話題を切り出したように見えます。このような話の主導権を握るタイプの接続詞は、相手との上下関係に気をつけて使用しなければなりません。

改善策として、接続詞を無理に使わないことをおすすめします。「さて―つきましては―なお」という便利なテンプレートを気軽に使う前に、相手に失礼にならないか考えるようにしましょう。

〔修正後〕

例2 平素よりお世話になっております、〇〇社の××です。このたびは弊社製品に不具合があり、大変ご迷惑をお掛けしましたことを深くお詫び申し上げます。

「さて」は話の主導権を握るタイプの接続詞でしたが、行動の主導権を握るタイプの接続詞に、「まず」があります。

例3 明日の会議の資料を添付させていただきます。まず、中身をご確認いただいてから、承認印をいただいてもよろしいでしょうか。

「まず…つぎに…」と順序を示す際に用いる「まず」を、自分の行動ではなく相手の行動に対して使ってしまうと、相手に指示を与えるニュアンスが強くなり、失礼な文章になってしまいます。目上の相手の行動に対して「まず」は使わないようにしましょう。

〔修正後〕

例4 明日の会議の資料を添付させていただきます。中身をご確認いただき、承認印をいただいてもよろしいでしょうか。

上から目線の接続詞には、相手のメンツをつぶしてしまうタイプの接続詞もあります。一つは、相手の意図を確認するときの「要するに」です。

例5　<u>要するに</u>、報告書は不要ということでよろしいでしょうか。

　「要するに」を用いると、相手の話の要点がわかりにくかったという気持ちが相手に伝わるのと同時に、相手の話を総括することによって上から目線のニュアンスが出やすくなります。特に目上の相手に対しては、使うのを避けたほうがよいでしょう。

〔修正後〕
例6　報告書は不要ということでよろしいでしょうか。

　「ただし」も、目上に対して使うと相手のメンツをつぶしてしまうタイプの接続詞です。例えば、次のようなメールが部下から届いたら、どのように感じるでしょうか。

報告書を作成いたしましたので、ご確認いただけますでしょうか。<u>ただし</u>、人事部への提出期限が７日ですので、それまでにお願いできたらと思います。

　「ただし」は、ビジネス文書でよく用いられる接続詞ですが、相手が目上である場合や、相手に依頼する場面で使用すると、上から目線に思われやすい接続詞です。これは、「ただし」で制限事項を付け加えるとき、相手に対して指示を与えるニュアンスが出てしまうためです。

　このような場合は、代わりに「恐れ入りますが」「お忙しいところ恐縮ですが」などの前置きをしたり（例8）、ポイントである提出期限を前の文と合わせて伝える（例9）など、「ただし」を使わない方法をおすすめします。

[修正後]

> 例8　報告書を作成いたしましたので、ご確認いただけますでしょうか。<u>お忙しいところ恐縮ですが</u>、人事部への提出期限が7日ですので、それまでにお願いできたらと思います。

> 例9　報告書を作成いたしました。人事部への<u>提出期限が7日なので</u>、それまでにご確認いただけますでしょうか。

Q25 ビジネス文書で積極的に使うといい接続詞はありますか。

A25 ⇨ 「また」「そこで」「なお」でだらだら文を回避できます。

　多くのビジネス文書では、書き手が考えた経緯よりも、結論を整理して簡潔に伝えることが重要になります。そのときに役に立つ接続詞が、並列の「また」や、対処や主張を述べる「そこで」、補足の「なお」です。まずは、例1を見てみましょう。

> 例1 平素より私どもの活動にご協力くださり、ありがとうございます。現在イベントに向けて準備中ですが、大規模なイベントであるため、費用面で頭を悩ませております。会場設営などでは人手も必要で、スタッフの確保にも奔走しており、貴会よりご支援を賜れたらと考えております。いかがでしょうか。お返事をいただける場合は、XXX までご連絡願います。

　例1は、文章を最後まで読まないとポイントがわからない「だらだら文」になっています。このような文は、「また」「そこで」「なお」を目印にすると、整理することができます。

① 並列の情報を整理する　　　　　　　➡ また
② 最も重要な対処・主張を目立たせる　➡ そこで
③ メインの情報とサブの情報に分けて示す　➡ なお

　①の「また」は、並列関係にある情報を整理するときに使います。「また」を使わず箇条書きで示す方法も効果的です。②の「そこで」は、課題に対する対処・主張を述べるときに使用します。文章の中

でも重要な文なので、段落の先頭にもってきて目立たせる方法も有効です。最後に③の「なお」で情報をメインとサブに分けて示すと、読み手も理解がしやすくなります。

［修正後］

例2　　平素より私どもの活動にご協力くださり、ありがとうございます。現在イベントに向けて準備中ですが、大規模なイベントであるため、費用面で頭を悩ませております。<u>また</u>、会場設営などでは人手も必要で、スタッフの確保にも奔走しております。

　　　<u>そこで</u>、貴会よりご支援を賜れたらと考えているのですが、いかがでしょうか。<u>なお</u>、お返事をいただける場合は、XXX までご連絡願います。

Q 26 箇条書きを文章で表現する場合のコツはありますか。

A 26 ⇨ 順序性の有無で接続詞を使い分けるのがコツです。

　ビジネス文書では、複数の項目を並列することがよくあります。それを箇条書きで示すことが許される場合もあれば、文章で書くことを求められる場合もあるでしょう。ここでは、特に文章で書く場合のコツについて考えていきます。

　最初に、以下の例1と例2を見てみましょう。この二つの例は、似たような箇条書きに見えますが、異なる点があります。

例1　以下の条件で募集しております。
　　　①土日のシフトにも対応できる
　　　②長期的に働くことができる
　　　③接客業の経験がある
例2　以下の作業をお願いします。
　　　①ファイルをダウンロードする
　　　②ファイルの中身を修正する
　　　③ファイル名に修正済と入力する

　この二つの例の違いは、箇条書きの項目①②③の並ぶ順序が決まっているかどうかということです。それによって、文章で表現したときに使用する接続詞の種類も変わってきます。

　例1は、①②③の順序を入れ替えても、内容に大きな影響はありません。このような場合、以下の接続詞の組み合わせが考えられます。

順序が決まっていない場合の接続詞の組み合わせ

	パターン1	パターン2
①土日のシフトにも対応できる	まず	第一に
②長期的に働くことができる	また	第二に
③接客業の経験がある	そして	第三に

〔修正後〕

例3　以下の条件で募集しております。まず、土日のシフトにも対応できること。また、長期的に働くことができること。そして、接客業の経験があることです。

　一方、例2は、作業の手順です。①②③の順序を入れ替えてしまうと、書き手の意図が伝わらなくなり、大きな問題が起こりえます。このような場合は、以下の接続詞の組み合わせが有効です。

順序が決まっている場合の接続詞の組み合わせ

	パターン1	パターン2
①ファイルをダウンロードする	まず	はじめに
②ファイルの中身を修正する	つぎに	続いて
③ファイル名に修正済と入力する	そして	最後に

〔修正後〕

例4　以下の作業をお願いします。はじめに、ファイルをダウンロードします。続いて、ファイルの中身を修正します。最後に、ファイル名に修正済と入力します。

Q27 新しい話題に移るときの接続詞が使いづらい場合は、どうすればいいですか。

A27 ⇨ 接続詞を無理に使わず、改行や空白行、箇条書きを活用する方法がおすすめです。

　時候の挨拶の後に本題に入りたい、本題の中で次の話題に移りたい、そんなときに便利な接続詞に「さて」があります。

　しかし、いざ使おうとしたときに、「偉そうに見える」「なんだか気恥ずかしい」と使いづらく感じたことはありませんか。ここでは、「さて」が使いやすい場面と使いづらい場面に分けて、新しい話題に移るときの方法を考えていきたいと思います。

　まず、「さて」が使いやすいのは、目上の立場にある人が目下の立場の人にビジネス文書を書く場合です。個人としてだけではなく、会社や部署の代表として書く場合も含みます。具体的には、新たに決まった情報を告知する「通達文」や、依頼・問い合わせを受けた際の「回答文」が適しているでしょう。

〔「さて」が使いやすい場合〕
例1　　会員のみなさまにおかれましては、ますますご清祥のこととお慶び申し上げます。
　　　　さて、11月11日に開催予定の秋季大会についてですが、Zoomを用いたオンライン開催に決定いたしました。

　一方、「さて」が使いづらいのは、目下の立場にある人が目上の立場の人にビジネス文書を書く場合です。部下から上司へという立場上の上下関係だけでなく、謝罪文や依頼文など、相手に頭を下げるようなタイプの文書でも、「さて」は使いづらいでしょう。

　「さて」が使えない場合の話題転換の方法が、二つあります。一つは、段落を変えたうえで、「〇〇についてですが、」と話題の内容を直接提示する方法です（例2）。段落を変えるだけでなく、空白行を入れる方法も効果的です。もう一つの方法は、話題ごとに箇条書きにした上で、それぞれ見出しをつける方法です（例3）。

〔「さて」が使いづらい場合〕

例2　　打ち合わせのお時間をくださり、ありがとうございました。ご意見をもとに企画書の修正を進めて参ります。
　　　　スケジュールについてですが、以下の流れで考えております。みなさまのご都合をお伺いできればと思います。

例3　　5日の会議で決まった内容を報告させていただきます。
　　　　①企画書の内容について
　　　　　xxxxxxxxxxxxxxxxxxxxxxxxxxxxxxxxxx
　　　　②スケジュールについて
　　　　　xxxxxxxxxxxxxxxxxxxxxxxxxxxxxxxxxx

　なお、「さて」の仲間である「ところで」は、それまでの話をなかったことにされた印象を読み手が持ちやすく、ビジネス文書には不向きです。あまり積極的に使用しないことをおすすめします。

Q 28 接続詞は漢字と平仮名のどちらで書いたらいいですか。

A 28 ⇨ 二字漢語を含む接続詞は漢字で、その他の接続詞は平仮名で書きましょう。

パソコンで文章を書いていると、つい気軽に漢字変換をしてしまいます。ここでは、漢字変換したほうがいい接続詞と、漢字変換しないほうがいい接続詞について考えてみたいと思います。

まず、次の例を見てみましょう。

例1 会議は9時開始です。<u>又</u>終了後は懇親会があります。

例1の「又」を読みにくいと感じた方は多いのではないでしょうか。「又」が読みにくい理由は、漢字変換しないほうがいい接続詞が漢字になっているからです。

漢字変換したほうがいい接続詞は、二字漢語を含むものです。一方、漢字変換せずに平仮名で書いたほうがいい接続詞は、漢字一字のみのものや、「漢字一字＋平仮名」になるものです。それぞれ次のページの表のような接続詞があてはまります。

「また（又）」や「なお（尚）」のような、漢字一字のみになる接続詞を平仮名で書いたほうがいい理由は、文字数が多い文章になればなるほど、漢字一字は見落としやすくなるからです。

〔修正後〕
例2 会議は9時開始です。<u>また</u>終了後は懇親会があります。

接続詞の種類	具体例	漢字／平仮名
①二字漢語を含む	一方、第一に、最初に	→ 漢字
①漢字一字 ②漢字一字＋ 　平仮名	また（又）、なお（尚）、 さらに（更に）、しかし（然し）、 したがって（従って）、 すなわち（即ち）、あるいは（或は）、 もしくは（若しくは）、 ただし（但し）、ちなみに（因みに）	→ 平仮名

　「即ち」や「若しくは」のような、「漢字一字＋平仮名」の接続詞も全て平仮名で書いたほうがいい理由は、多くが訓読みの語であり、読み慣れていないものがほとんどだからです。そのような接続詞は、読み手の負担を減らすために、見てすぐに読める平仮名表記にすることをおすすめします。

　接続詞の表記とあわせて注意を要するのが、読点（、）です。接続詞とその直後のことばで、平仮名、あるいは漢字が連続する場合は、必ず読点を打ちましょう（1–1、1–2参照）。

しかしひらがなは　　**一方漢字は**

例3　なおすぐに作業を始めたい場合は教えてください。

〔修正後〕

例4　なお、すぐに作業を始めたい場合は教えてください。

Q29 同じ種類の接続詞ばかり続いてしまう場合は、どうすれば
いいですか。

A29 ⇨ 接続詞が不要な場合と置き換えが必要な場合があります。

　文章を書いているときに、同じ種類の接続詞ばかり繰り返し使ってしまうことはありませんか。近い位置にある文で同じ種類の接続詞が使用されると、理解が困難になる上、ビジネス文書としては幼稚に見えてしまいます。ここでは、ビジネス文書で繰り返し使いがちな「また」と「なお」を例に、対処法を紹介します。

　まず、「また」の繰り返しには、二つのパターンがあります。一つ目は、接続詞が不要な箇所で使用されているパターンです。

> 例1　次回の会議は8日です。<u>また</u>、その際は、原稿をお持ちください。<u>また</u>、場所については、追ってご連絡します。

　話し言葉の「でー」や「それから」のように、「また」ばかりを使って文をつなげてしまうことがあります。例1の「その際は」のように指示語を含む場合や、「○○については」のように話題を提示している場合は、「また」が不要なことが多いです。書いた後は必ず見直しをして、不要な接続詞は間引くようにしましょう。

> 〔修正後〕
> 例2　次回の会議は8日です。<u>その際は</u>、原稿をお持ちください。<u>場所については</u>、追ってご連絡します。

　二つ目のパターンは、他の接続詞に置き換えが必要な場合です。

> 例3　初心者の方でもスムーズに作業を進めることが可能です。<u>また</u>、働きながらライティング力が鍛えられます。<u>また</u>、今後のキャリアアップにも役立ちます。

このパターンでは、「さらに」や「そして」など序列の接続詞に置き換えることで、繰り返しを避けることができます。箇条書きの先頭に接続詞を置くイメージで修正してみてください。

> 〔**修正後**〕
> 例4　初心者の方でもスムーズに作業を進めることが可能です。<u>また</u>、働きながらライティング力が鍛えられます。<u>さらに</u>、今後のキャリアアップにも役立ちます。

「なお」も、補足事項を後から付け足すうちに何度も使いがちな接続詞です。二つ目の「なお」を前の文に組み込んだり（例6）、話題を提示する言葉で置き換える（例7）方法がおすすめです。

> 例5　申請方法は次の通りです。<u>なお</u>、郵送の場合は本人確認書類も添付して下さい。<u>なお</u>、写真付きの物に限ります。
>
> 〔**修正後**〕
> 例6　申請方法は次の通りです。<u>なお</u>、郵送の場合は<u>写真付きの</u>本人確認書類も添付して下さい。
>
> 例7　申請方法は次の通りです。<u>なお</u>、郵送の場合は本人確認書類も添付して下さい。<u>本人確認書類は</u>、写真付きの物に限ります。

的確な情報選択

情報を伝える際に配慮すべきことは何でしょうか。

読み手がどんな情報を得たいと思っているかを考え、

読み手視点で伝えるように心がけることが求められます。

本章では、何を優先して情報を示せばよいか、

情報をどう見せればよいか、書くべき情報と削るべき情報を

どう選択すればよいか、どんな順番で情報を伝えればよいか、

について検討します。

Q 30 情報を伝える際に、わかりやすさと厳密さはどちらを優先した方がいいですか。

A 30 ⇨ 文章のジャンルによって優先順位が変わります。

　情報をどのように伝えるかは、文章のジャンルや目的によって異なります。

　例えば、論文は客観性や厳密さが重視されますが、エッセイが小難しいと、読み手を疲れさせるかもしれません。以下の二つの例は同じ内容のエッセイですが、読んだ印象が大きく違うと思います。

> 例1　行動に移すのが不得手な人が存在する。予測不可能な結果を思案するあまり進退維谷まるのだ。この停滞的状況を打開し、次の段階に進むには、彼の心理的障害を把握し、除去することが肝要である。その心理的障害が「失敗に起因する自信喪失」であるならば、それが除去されれば行動変容が可能となる。斯様な心理的安定性が結実することもある。外的な心理的サポートが人間の行動変容をもたらすのだ。

> 例2　Aさんは何事にも兎に角慎重で石橋を叩いて渡らないことが多い。先を心配しすぎるあまり、身動きが取れなくなってしまうのである。そんな彼に「失敗してもいいからやってほしい、何かあったら責任は私がとる」と伝えたところ、彼は素晴らしい成果をあげた。周りのサポートで人の行動は変えられるのだ。

　読み手と目的に合わせて、優先順位を調整する必要があります。

Q31 丁寧さと簡潔さはどちらを優先した方がいいですか。

A 31 ⇨ 簡潔さを優先した方が情報が伝わりやすくなり、丁寧さを
優先した方が信頼関係が作りやすくなります。

　読み手に失礼にならないように伝えようとすると、文が長く冗長になってしまうことがあります。例1の取引先へのメールは、丁寧に書こうとするあまり、不要な表現が入っています。

　例1　本日はお時間をいただきまして、ありがとうございました。
あの後、事業部の担当者に確認しましたが、これから修正することになりますと、納期に間に合わなくなるということでした。
18日に再検討し、ご報告させていただくようにいたします。
お約束どおり、2月末までには納品できるようにしたいということを考えておりますので、どうぞよろしくお願い申し上げます。

　例1には、「こと」「なる」「という」「ように」が多用されています。これらの婉曲表現を頻用すると、回りくどい印象を与え、情報がぼやけて伝わりにくくなります。削っても意味が変わらない表現は削り、簡潔に書きましょう。

〔修正後〕
　例2　本日はお時間をいただきまして、ありがとうございました。
あの後、事業部の担当者に確認しましたが、これから修正すると、納期に間に合わないそうです。
18日に再検討し、ご報告させていただきます。
お約束どおり、2月末までには納品したいと考えておりますので、どうぞよろしくお願い申し上げます。

一方で、あまりに簡潔さを追求しすぎると、文章が味気なく、温かみのない印象を受けるかもしれません。

例3　お世話になります。
　　　明日の18時までに添付の文章の校正をお願いします。
　　　校正箇所は朱書きで、読みやすい文字で書いてください。

　例3は、必要事項のみが書かれた依頼メールですが、丁寧さより簡潔さが優先され、一方的な印象を与えるかもしれません。例4のように、相手を配慮する言葉を挟むことで、同じ依頼でも、印象を変えることができます。

〔修正後〕
例4　お世話になります。
　　　お忙しいところ恐れ入りますが、社内報に載せる文章の校正を明日の18時までにお願いできますでしょうか。
　　　校正箇所は朱書きで、大きめの文字でお書きいただけましたら幸いです。
　　　よろしくお願いいたします。

　不要な表現は削りながらも、丁寧さと簡潔さのバランスに配慮することが信頼関係の構築には大切です。なお、相手を配慮した品の良い表現については、2–1に詳しい説明がありますので、ご参照ください。

Q 32 情報を見やすく伝えるにはどうしたらいいですか。

A 32 ⇨ 段落と空白行を使うことで情報のまとまりが示せ、箇条書きを使うことで見やすくなります。

読み手に情報を見やすく伝えるために、情報のまとまりを意識して書く工夫ができます。次の例1の文章を見て、どう感じるでしょうか。

例1 オフィス移転の提案

業務の効率化、経費の削減のため、新オフィスへの移転を提案します。現在の本社オフィスは、部署ごとに複数の階に分かれているため、部署間の十分な交流やコミュニケーションを図ることが困難であるとの声が聞かれます。お客様や取引先に対しても、同じフロアにすべての部署がそろうことで印象がよくなります。

また、オフィス機材や光熱費の節約の観点からも、一つのフロアにまとまっていた方が効果的です。本社オフィス近隣の地価は、景気後退の影響を受け、3年前より約13%値下がりしています。

そこで、次の賃貸契約更新までに新オフィスの候補を探し、移転を検討した方がよいのではないかと考えております。

例1は、三つの段落に分けて書かれています。そのため、読み手は三つの情報のまとまりを予想して読むと思いますが、実際は、段落の改行箇所と情報のまとまりにズレがあるため、読み手を混乱させてしまうかもしれません。

一つの段落には一つの情報を書くようにすれば、情報のサイズを視覚的に示すことができます。段落と段落の間に空白行を入れることで、さらに見やすさが増します。

また、情報を並列して示したいときには、箇条書きを用いることで、引き立てて見せることができます。箇条書きをする前には、何についての箇条書きを述べるのかというリード文を置いたり、見出しをつけたりして、箇条書きの内容を先に示すと、読み手に親切です。

空白行の使い方を含めたレイアウトの詳細は、1–3、Q18 をご参照ください。

〔修正後〕

例2 オフィス移転の提案

　業務の効率化、経費の削減のため、新オフィスへの移転を提案します。

移転を提案する理由
・部署ごとに複数の階に分かれる現在の本社オフィスでは、部署間の十分な交流やコミュニケーションを図ることが困難
・同じフロアにすべての部署がそろうことで、お客様や取引先への印象が向上
・オフィス機材や光熱費の節約にも効果的

　本社オフィス近隣の地価は、景気後退の影響を受け、3年前より約13% 値下がりしています。そこで、次の賃貸契約更新までに新オフィスの候補を探し、移転を検討した方がよいのではないでしょうか。

Q 33　情報を盛り込みすぎないために、書くべき情報と削るべき
情報をどのように選択したらいいですか。

A 33　⇨ 骨組みになる項目は削らずに残し、細部を削ります。

　どの情報を入れ、どの情報を省けばよいかを判断する際には、読
み手の理解に必要となる情報かどうかがポイントになります。例
1の提案書で考えてみましょう。

> **例1**　テレワーク導入を役員会に初めて起案する提案書
>
> 　仕事の生産性向上、および社員の通勤時間短縮等の働き方改革を
> 推進するために、テレワークを恒久的な制度として導入したい。具
> 体的には、現在、通勤時間が片道1時間を超える社員や育児・介
> 護を必要とする社員のみに運用しているテレワークを、全社員に向
> けて行うことである。テレワークの運用日数に制限を設けず、社員
> の仕事が適正に評価されるよう提案する。
>
> 　テレワーク導入のためには、社員の家庭におけるIT環境・労働
> 環境を整備するとともに、それに関連する規程を整える必要がある。
> また、テレワーク導入に当たって、人事評価を見直し、再整備しな
> ければならない。
>
> 　テレワーク導入の時期は、2020年10月から3か月の試行期間
> を設け、IT環境の準備を行った後、2021年1月から本格的な導入
> を開始したいと考える。

　例1の提案書は、「テレワークを恒久的な制度として導入した
い」というもので、そのために今後整備しなければならないこと
やそのスケジュールが書かれています。「何を」「どのように」「い
つ」するかという未来の情報が書かれているといえます。一方で、

提案に至った背景や社員たちの現状といった、過去と現在の部分が抜けています。急に提案だけを示されると、なぜこの提案が必要なのかがわからず、読み手は唐突な印象を受けるかもしれません。

提案内容	（何を）
実現方法	（どのように）
スケジュール	（いつ）

なぜこの提案が必要？
社員が抱えている課題は何？
コストはどれくらいかかる？

　情報をわかりやすく伝えるためには、まず、読み手の理解の流れを想定したアウトラインを立てる必要があります。理解の流れを考えることで、説明に必要となる骨組みの情報項目が決まってくるからです。その際に有効になるのが過去・現在・未来という時系列です。時系列に沿った説明は読み手の理解を助けます。

提案に至った背景	（なぜ）	過去
現状の課題	（なぜ・何が）	現在
提案内容	（何を）	
実現方法	（どのように）	時系列
スケジュール	（いつ）	未来
コスト	（どれくらい）	

　また、いつ（When）、どこで（Where）、誰が（Who）、何を（What）、なぜ（Why）、どのように（How）という5W1Hを意識して骨組みの情報項目を作ると、情報を過不足なく含めることができます。
　さらに、情報項目には、ラベルとなる「見出し」をつけると、読み手に親切でしょう。ラベルを見ただけで、何について書かれた項目かがわかるので、理解を導く道しるべになります。

〔修正後〕

例2 テレワーク導入を役員会に初めて起案する提案書

【背景】2020年3月以降、COVID-19の感染拡大を踏まえて、政府の指示の下、臨時的にテレワーク・時差出勤を運用してきた。現在、運用開始から5か月が経過したところである。

【現状の課題】社員アンケートの結果、6割強がテレワークに肯定的で、「通勤がなくなりストレスが減った」「在宅の方が集中できる」と答えた一方で、3割強が「IT環境が悪く、WEB会議が進めにくい」「上司とのコミュニケーションが不足している」等の否定的な回答をしている。

【提案内容】仕事の生産性向上、および社員の働き方改革を推進するために、テレワークを恒久的な制度として導入したい。現在、通勤時間が片道1時間を超える社員のみに運用しているテレワークを、全社員に向けて行うことである。

【実現方法】テレワーク導入のためには、社員の家庭におけるIT環境・労働環境を整備するとともに、それに関連する規程を整え、人事評価を見直し、再整備しなければならない。

【スケジュール】2020年10月から3か月の試行期間を設け、IT環境の準備を行った後、2021年1月から本格的な導入を開始する。

【コスト】在宅勤務手当●円／月、IT環境整備●百万円／年間

情報項目が決まったら、それぞれの項目の内部を考えます。強弱なく情報がびっしり詰まった文章は、読み手に負担を強いるものですので、各情報項目の内部は簡潔に示した方がわかりやすくなります。

　項目内を簡潔にするためには、箇条書きを用いる工夫ができます。箇条書きの前に、何についての箇条書きかを予告する文を書き、その後に具体例や詳細を箇条書きにすると読みやすくなります。その際、並べられる情報が並列の関係になるように注意する必要があります。

箇条書きの予告文
　・箇条書き1
　・箇条書き2
　　　　箇条書き2-1
　　　　箇条書き2-2

　並列の関係を作るには、語句の品詞をそろえることと、語句の抽象度をそろえることがポイントです。

　前頁の例2の【現状の課題】を例にすると、「社員アンケートの結果」について述べることと、「6割強がテレワークに肯定的」「3割強が否定的」という結果の概要を予告文として示します。そして、その下に肯定派と否定派の回答を箇条書きにして並列すると、すべてを地の文に続けて書くよりも、ポイントが視覚的にとらえられ、見やすくなります。

〔再修正後〕

例3　テレワーク導入を役員会に初めて起案する提案書

【背景】2020 年 3 月以降、COVID-19 の感染拡大を踏まえて、政府の指示の下、臨時的にテレワーク・時差出勤を運用してきた。現在、運用開始から 5 か月が経過したところである。

【現状の課題】社員アンケートの結果、6 割強がテレワークに肯定的、3 割強が不便であると否定的な回答をしている。

　　　肯定的回答：通勤がなくなりストレスが減った

　　　　　　　　　在宅の方が集中できる

　　　否定的回答：IT 環境が悪く、WEB 会議が進めにくい

　　　　　　　　　上司とのコミュニケーションが不足している

【提案内容】仕事の生産性向上、および社員の働き方改革を推進するために、テレワークを恒久的な制度として導入したい。

　　　現在：通勤時間が片道 1 時間を超える社員のみに運用

　　　今後：全社員に制限を設けず運用

【実現方法】テレワーク導入のためには、社員の家庭における IT 環境・労働環境を整備するとともに、それに関連する規程を整え、人事評価を見直し、再整備しなければならない。

【スケジュール】2020 年 10 月から 3 か月の試行期間を設け、IT 環境の準備を行った後、2021 年 1 月から本格的な導入を開始する。

【コスト】在宅勤務手当●円／月、IT 環境整備●百万円／年間

Q34 どんな順番で情報を提示したらいいですか。

A34 ⇨ 抽象的な大きな情報から具体的な小さな情報へと書いていきましょう。

　情報をわかりやすく伝えるためには、その文章を初めて読む読み手に必要な情報から順に提示すると負担が軽くなります。以下の例1は、エンジニア募集の記事です。

例1　本プロジェクトでは、次の能力や経験を持つエンジニアを募集したいと考えております。

①業務用のシステム開発・システム設計の経験

②フレームワークによる開発・ライブラリ開発の経験

③拡張性・生産性の高いコーディング力

④クライアント企業とのコミュニケーション能力

・依頼したい仕事内容

① Amazon の新品カート価格商品およびほぼ新品状態の商品とヤフー、楽天、その他 EC サイトとの価格差を出す機能の作成

②手数料シュミレーターで利益率を計算する機能の作成

③ランキングや利益率で絞れる機能の作成

今回のエンジニア募集は、Amazon や EC サイトなど、仲介業の価格差を検出するツールを開発していただくことを目的としています。たくさんのご応募をお待ちしております。

　例1は、求めているエンジニアの能力や経験といった募集要項、具体的な仕事内容が書かれた後、本募集の目的が書かれています。

具体的な情報から抽象的な情報へと流れていくため、募集文章を初めて見る読み手は、唐突な印象を受けるのではないでしょうか。

　文章を書く目的や文章全体の要約といった大きな情報を示してから詳細な情報へと書き進めた方が、理解しやすくなります。

〔**修正後**〕

例2　Amazon や EC サイトなど、仲介業の価格差を検出するツールを開発してくださるエンジニアを募集します。

・依頼したい仕事内容

①Amazon の新品カート価格商品およびほぼ新品状態の商品とヤフー、楽天、その他 EC サイトとの価格差を出す機能の作成

②手数料シュミレーターで利益率を計算する機能の作成

③ランキングや利益率で絞れる機能の作成

・歓迎する能力や経験

①業務用のシステム開発・システム設計の経験

②フレームワークによる開発・ライブラリ開発の経験

③拡張性・生産性の高いコーディング力

④クライアント企業とのコミュニケーション能力

たくさんのご応募をお待ちしております。

次の例 3 のように、複数の条件や注意事項がある情報を正確に伝えるためにも、情報のサイズに注意し、整理して書く必要があります。

例3　YouTube の「猫ちゃんチャンネル」に投稿するための、猫ちゃんの可愛い仕草・面白い動作を集めた動画を募集いたします。スマートフォンやデジカメなどで撮影してお送りください。

▼ 動画の撮影時間
1 分〜3 分程度でお願いします。猫ちゃんの面白い行動やハプニング映像・かわいい仕草などが短時間で分かる映像であれば 1 分以下の短い動画でも承認可能です。
基本的に 1 分以下の撮影時間の映像は非承認とさせていただきますのでご注意ください。ただし、1 分以下のファイルを複数送信していただき、合計の撮影時間が 1 分〜3 分程度になる場合には審査対象となります。

　例 3 は、猫の動画を撮影して送るという依頼ですが、「動画の撮影時間」の指示が二転三転するため、情報が不正確で指示内容に矛盾があるように感じられます。これは、書き手の希望するさまざまな撮影時間に関する条件がまとめて書かれているためです。
　読み手の混乱を避け、情報を正確に伝えるためには、まず、原則となる大きな情報を先に伝え、後から場合分けをした条件を追加して書いた方がいいでしょう。「1 分〜3 分程度でお願いします。」という原則となる指示を示した後、1 分以下になった場合の指示を例外として示せば、情報が整理され、読み手の混乱を防ぐことができます。

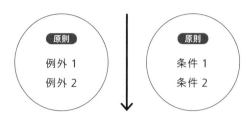

　条件や場合分けが必要な情報を正確に伝えるためにも、大きな情報から小さな情報へという流れに配慮することが大切になります。その際、小さい情報であることを示すために「ただし」のような条件の接続詞を入れると、情報の大小が読み手にも見えやすくなります。

〔**修正後**〕

例4　YouTube の「猫ちゃんチャンネル」に投稿するための、猫ちゃんの可愛い仕草・面白い動作を集めた動画を募集いたします。スマートフォンやデジカメなどで撮影してお送りください。

▼ 動画の撮影時間
1分～3分程度でお願いします。
1分以下のファイルを送られる場合には、合計の撮影時間が1分～3程度になるように、複数送信してください。
ただし、例外として、1分以下の短い動画でも、猫ちゃんの面白い行動やハプニング映像・かわいい仕草などが短時間で分かる映像であれば、承認可能です。

統計的な分析に基づく
よい文章とは

この章では、読み手に伝わりやすい文章とはどのようなものかを

統計的な分析から明らかにしていきます。

クラウドソーシングの発注文書を対象に、

タイトルや本文の最適な文字数は何文字くらいか、

箇条書きの項目数は何個がよいかといった疑問に、

最新の AI 技術も活用した分析でお答えします。

本章の執筆にあたり、分析対象の文章として、クラウドワークス社から提供いただいた約 1 万件のクラウドソーシングの発注文書を用いました。発注文書は案件ごとにタイトルと本文から構成されており、応募者はそれを Web ページで読んで応募します。私たちは、応募が多く集まった案件と集まらなかった案件に分け、応募が多く集まった案件の発注文書を仕事内容が伝わりやすい「よい文章」として、応募が集まらなかった案件の発注文書とともにどのような特徴があったかを分析しました。

　分析には、統計分析でよく使われる相関分析のほか、富士通研究所が開発した Wide Learning™ という新しい AI 技術も活用しました。Wide Learning™ はさまざまなデータ項目の組み合わせから、重要な特徴を網羅的に発見することができます。本章では、タイトルの長さや本文の行数、箇条書きの数などについて、Q&A 形式でご紹介する内容のほかに、報酬や応募期間といった発注文書以外の項目もあわせて分析した結果もご紹介していきます。

　Wide Learning™ について興味のある方は、以下の Web サイトもご覧ください。

Hello, Wide Learning
https://widelearning.labs.fujitsu.com/

クラウドソーシングで見られる発注文書の例

★ eBay リサーチ＆出品登録作業★
【主婦の方・女性の方限定】♪ 在宅作業♪

【依頼の目的・背景】
輸出業務が軌道に乗り、人員不足のため急遽募集します！

【依頼の内容】
主に以下 4 つの手順を行って頂きます。
1：eBay で売れている商品を調べる
2：eBay で売れている商品と Amazon との価格差を調べる
3：価格差がある商品を eBay に出品登録する
4：作業結果を Chatwork で報告する

【報酬】
50 円／1 商品（リサーチから出品までの一連業務）

Q35 タイトルの長さは何文字くらいがよいでしょうか。

A 35 ⇨ 60文字以内を目安にしましょう。

　以下の二つの例は、クラウドソーシングのサイトで見られるほぼ同じ仕事に関する発注文書のタイトルです。より応募が集まるのはどちらでしょうか。

> 例1　ネットショップへの商品登録
> 例2　カラーミーショップ / ネットショップで簡単な商品登録作業　画像のサイズ調整から商品登録まで　完全在宅・主婦の方歓迎!!

　実際のクラウドソーシングでは発注文書のタイトルは何文字くらいなのでしょうか。私たちが分析した発注文書では、最短で4文字、最長で244文字、平均は43.7文字でした。
　また、応募が集まったよい発注文書では平均40.4文字、応募が集まらなかった発注文書では平均47.8文字でした。このことから、タイトルはより短く簡潔にしたほうが、応募が集まりやすい傾向があります。
　では何文字くらいまでならよいかということですが、今回の分析では、タイトルの文字数が60文字を超えると応募が集まった案件の比率が著しく低下することがわかりました。したがって、タイトルの文字数は60文字以内を目安とするのがよいでしょう。
　さらに、特に応募期間が5日以内の比較的短納期の案件では、タイトル文字数を30文字以内にすると応募の集まりやすさがより上がるという分析結果も出ています。

Q 36 タイトルに【カンタン】や【女性限定】などを入れることは有効ですか。

A 36 ⇨ 有効ですが、入れる表現には注意が必要です。

　発注文書のタイトルに【カンタン】や【女性限定】のように、仕事のアピールポイントや応募条件などを隅付カッコで囲った表現を入れて目立たせるようにすることがあります。はたしてこれは実際に応募の集まりやすさに有効でしょうか。

　私たちは、実際の発注文書でよく見られる隅付カッコ表現をいくつかピックアップし、タイトルに含めることによる応募の集まりやすさとの関連を調べてみました。その結果、以下のように応募が集まりやすくなる表現と逆に応募が集まらなくなる表現がありました。

> 応募が集まりやすくなる表現：【○○限定】【継続】【簡単】【カンタン】
> 応募が集まらなくなる表現：　【高報酬】【高単価】

　特に、【簡単】【カンタン】は、報酬が5万円以下の比較的低報酬の案件で応募が集まりやすくなる傾向があります。また、【○○限定】は応募期間が8日以上と比較的長い案件で応募が集まりやすくなる傾向があります。このように、初心者向けや応募条件などをアピールする隅付カッコ表現は、案件の特性に応じて使うと有効です。一方で、高報酬をアピールするのは応募者にとってよい印象を与えないようなので注意しましょう。

Q 37 タイトルに記号文字を入れて目立たせるのは有効ですか。

A 37 ⇨ 記号文字の入れすぎは逆効果になることがあります。

以下の例のように、他の案件よりも目立つように、隅付カッコのほかにも「！」（エクスクラメーションマーク）や星印、音符などの記号文字をタイトルにたくさん入れることがあります。

> 例1 ♪【急募！！簡単！！】風水のライティング大募集！！
> 例2 ★☆★スキルに応じた報酬★☆★妊活・育児に関するまとめ記事作成★☆★☆★

このようなタイトルは、応募を多く集めるために有効でしょうか。今回分析した発注文書でタイトルの記号文字数を調査したところ、全体では平均 2.8 文字、応募が集まったよい発注文書では平均 2.7 文字、応募が集まらなかった発注文書では平均 3.1 文字でした。タイトルの長さによる影響を除くため、タイトル全文字数に対する記号文字数の割合でみてみると、応募が集まった発注文書でも集まらなかった発注文書でも記号文字は平均でタイトル全体の約 6% でした。

このことから、タイトルに記号文字が多いかどうかは、応募が集まるかどうかにはあまり影響しないということが言えます。ただし、記号文字数の割合がタイトル全体の 20% を超えるような発注文書では応募の集まりやすさが著しく低下するという傾向もありますので、記号文字の入れすぎには注意したほうがよいでしょう。

Q 38 　**発注文書の本文の長さは何文字くらいがよいでしょうか。**

A 38 　⇨ 文字数で1200文字以内に収まるようにしましょう。

　まず、実際のクラウドソーシングでの発注文書本文の文字数を調査しました。その結果、最短で15文字、最長で5,829文字、平均は1,360文字でした。

　さらに応募が集まった案件と集まらなかった案件で比較すると、応募が集まった案件では平均1,115文字、応募が集まらなかった案件では平均1,665文字でした。このことから、タイトルと同様に、本文もより短いほど応募が集まりやすいという傾向があります。

　では何文字くらいまでならよいかということですが、本文の文字数が1,200文字を超えると応募が集まった案件の比率が著しく低下することがわかりました。したがって、発注文書本文の文字数は1,200文字以内を目安とするのがよいでしょう。

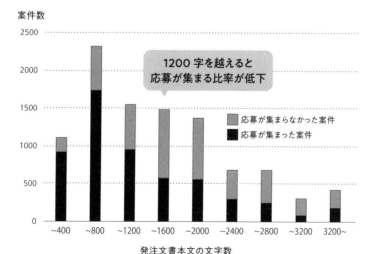

案件数

発注文書本文の文字数

Q 39 発注文書の本文の行数は何行くらいがよいでしょうか。

A 39 ⇨ 80行以内（3画面分）に収まるようにしましょう。

　文字数と同様に、実際のクラウドソーシングでの発注文書本文の行数を調査しました。その結果、最短で1行、最長で402行、平均は62.7行でした。

　さらに応募が集まった案件と集まらなかった案件で比較すると、応募が集まった案件では平均51.0行、応募が集まらなかった案件では平均77.3行でした。このことから、文字数と同様に行数についてもより短いほど応募が集まりやすいという傾向があります。

　では、何行以内ならよいのでしょうか。今回の分析では、行数が80行を超えると応募が集まった案件の比率が著しく低下することがわかりました。したがって、発注文書本文の行数は80行以内に収まるようにしましょう。メールやブラウザで見る場合では、1画面を25行とすると約3画面分以内を目安としてください。

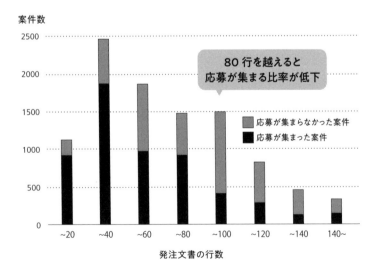

Q 40　**箇条書きの項目数は何個以内がよいでしょうか。**

A 40　⇨ 発注文書全体で18個以内が目安です。

　クラウドソーシングの発注文書では、応募条件や仕事内容など
を箇条書きで書くことが多いです。箇条書きで書くことで読みや
すさが上がり、要件も伝わりやすくなるでしょう。しかし、何で
もかんでも箇条書きで書いてしまうと、仕事内容や条件などが多
いように見えてしまい応募者の印象が悪くなる恐れがあります。ま
た、全体の行数も増えてしまいかえって読みづらくなるでしょう。

　実際のクラウドソーシングの発注文書の箇条書き項目数は、最
小が 0、最大が 103、平均が 14.6 でした。また、応募が集まった
案件では平均11.4、応募が集まらなかった案件では平均18.6でし
た。箇条書きの項目数も少ないほうが応募が集まりやすいという
傾向があります。

　では、箇条書きの項目数は合計で何個以内を目安にすればよい
でしょうか。今回の分析では、箇条書きの項目数の合計が 18 を
超えると応募が集まった案件の比率が大きく低下することがわか
りました。したがって、箇条書き項目数は文書全体で 18 項目以
内を目安としましょう。例えば、仕事内容、応募条件、注意事項
をそれぞれ箇条書きにする場合は、最大でそれぞれ 5 項目以内と
考えると、18 項目以内に収まります。

Q41 空白行はどのくらい入れてもよいでしょうか。

A 41　⇨ 最大でも全体の35%以内に抑えるようにしましょう。

　　本文中に適度に空白行を入れるのは、文章を読みやすくするために有効です。しかし、あまり空白行を入れすぎると間延びした印象を与えるほか、文章全体が長くなって読みづらくなります。

　　実際のクラウドソーシングの発注文書ではどうでしょうか。今回分析した発注文書本文の空白行率（全行数に対する空白行の割合）を調査したところ、最小で0%（空白行なし）、最大で85.2%、平均で35.0%でした。また応募が集まった案件では平均32.7%、応募が集まらなかった案件では平均37.8%でした。それほど大きな差ではありませんが、空白行率もやや少なめのほうが、応募が集まりやすいという傾向があります。

　　では空白行率の目安ですが、35%を超えると応募が集まった案件の比率が低下することがわかりました。過度に空白行率を上げないためには、2行以上にわたる不必要な空白行を入れない、1行ごとに空白行を入れない、などの対応が有効でしょう。

Q 42 発注文書中に読み手に対する感謝の言葉は書いたほうがいいでしょうか。

A 42 ⇨ 感謝の言葉は必要ありません。

　クラウドソーシングの発注文書の最初や最後に、以下の例のような感謝の言葉を書くことがあります。読み手である応募者に丁寧な印象を与える意図があると思われますが、実際の応募の集まりやすさに影響するでしょうか。

> 例1　このたびは募集ページをご覧いただき、感謝申し上げます。
> 例2　当案件に興味をお持ち頂き誠にありがとうございます！
> 例3　最後までお読みいただきありがとうございました。

　今回の分析では、実際のクラウドソーシングの発注文書本文に「ありがとうございます」や「感謝申し上げます」などの感謝の言葉が入っているかを調査しました。その結果、全体の 33.2% の発注文書に感謝の言葉が入っていました。また、応募が集まらなかった案件に絞ると、お礼の言葉が入っていた発注文書は全体の 47.0% であったのに対して、応募が集まった案件に絞ると、お礼の言葉が入っていた発注文書はわずか 22.1% でした。

　このことから、感謝の言葉は必ずしも応募を集めることにはつながらないことがわかります。発注文書の長さを短くするためにも、仕事内容や応募条件のみを簡潔に書くようにしましょう。

1-8

まとめに代えて

───

的確に仕事を伝えることの
意味と意義

非常時のテレワーク　―アポロ13号を例に

　新型コロナウイルスが蔓延する以前、テレワークはなかなか普及しませんでした。仕事の切り出しや人材育成、評価・管理、コミュニケーション、セキュリティの問題は容易に解決できないと思われていたからです。確かに、手の届かないところにいるメンバーと通信回線のみで仕事を共有することは慣れなければ非常に困難です。これまでの対面でのワークスタイルが可能ならば、わざわざテレワークを選ぶ必要はないでしょう。しかし、何らかの要因でテレワークをせざるを得なくなったとき、これまでと違ったアプローチをとらざるを得ません。これまでと違ったアプローチとはどのようなものか、それを考えるヒントとして、1970年に起きたアポロ13号の事故を考えてみたいと思います。

　アポロ13号は、アメリカの有人宇宙飛行計画の11番目のミッションでした。アポロ13号の打ち上げは、人類史上初めて月面着陸を果たしたアポロ11号からわずか9か月後の1970年4月11日のことでした。事故当時は、月面に着陸する着陸船とそれをサポートし、地球に帰還する司令船の2機がドッキングした状態で飛行していました。乗組員は、ジェームズ・ラベル（船長：当時42歳）、ジャック・スワイガート（司令船パイロット：当時37歳）、フレッド・ヘイズ（着陸船パイロット：当時36歳）の3名。当初は、11号12号と同じく月面着陸して月の石の採集等を行い、地球に帰還する予定でした。

　ところが出発から2日半後の13日午後9時8分、月への往路の4/5、地球から32万kmの地点で司令船の液化酸素タンクが機材の整備不良から爆発事故を起こします。アポロ計画では、初めて採用した燃料電池です。酸素タンクの爆発により、司令船内で使用される電子機器、暖房に使える電力が枯渇し始め、そればかり

か乗組員の呼吸に必要な酸素、さらに酸素から生み出される水も制限されるという、これまで繰り返してきた多重障害訓練でも想定していなかった事態を引き起こしたのです。

　このため乗組員は、爆発から3時間後に司令船を脱し、機能を維持していた月着陸船に移動しました。移動後、着陸船内の消費電力を最低限度まで落とし、そのまま月を周回したあと地球の大気圏突入直前に再度、司令船にもどって4月17日午後12時7分に南太平洋上に無事、着水したのです。

アポロ13号のトラブル　―非常時のコミュニケーション

　この事故が発生した直後には、電力の急激な減少以外、事故の場所も原因も全くわかりませんでした。そうした中、ヒューストンの管制センターは3時間の議論で帰還までの方針を決断します。その後も、連鎖的にトラブルが頻発しました。破損した司令船から、着陸船に避難したものの二酸化炭素のろ過装置のフィルターが司令船と着陸船では形が違っていて使えませんでした。そこで、管制センターでは、アポロ13号に搭載されていたすべての備品を講堂にならべ、どのように工作すれば急場をしのげるかを試作し、その手順書を作成して、アポロ13号の乗組員に伝えたのです。

　さらに地球の大気圏に突入する際、一度、電源を落としていた司令船の再立ち上げが必要になりました。これも当初想定されていなかった操作手順で、管制センターでは、ここでも地上でアポロ13号の複製を使い一から再起動マニュアルを書き起こし、それを1行ずつ無線通信で乗組員に伝えました。乗組員は伝えられた情報を1行ずつ復唱しながら、船内にある紙という紙を集めて記録していったのです。

そこに書かれていた文章には、「何を」「どの順番で行うか」ということだけでした。極限状態にある乗組員に対し、観念論やあるべき論、精神論を語っても意味がありません。

　アポロ13号の乗組員は全員、元軍人でした。ここからは私の想像ですが、彼らが軍人としての教育を受けていただけではなく、管制センターそのものが、軍隊の運営で得た意思伝達のスキルを土台としていたのではないでしょうか。迅速な判断と、伝えるべきことを、瞬時に正確に乗組員に理解させるタフな文章構築能力が、「栄光ある失敗」と称えられるアポロ13号の奇跡の生還を成し遂げたといえるでしょう。

ビジネス文書はシンプルに　―アポロ13号から学ぶこと

　もちろん我々の仕事の中には、組織のメンバーが思案し、新たなやり方やアイデアを求めるものも少なくありません。新しい内容を盛り込むと、文書は複雑になるものです。

　しかし、ネットワークを通じて離れたメンバーに的確に仕事を伝える技術は、特に仕事全体の品質管理を行うマネージャには必要不可欠です。「Keep it simple, stupid.（シンプルにしておけ、この愚か者が）」「Keep it stupid simple.（愚直なシンプルさを貫け）」という KISS の原則というものがあります。これは、設計において不要な複雑さは避け、単純にしておくことが成功のカギであるという、1960年の米国海軍で提唱された考え方ですが、確実な伝達を可能にするために、シンプルに伝えることの重要性を示した原則として、心に留めておく必要があるのではないでしょうか。

　特に、コロナ禍のような非常時において、目的達成のために、これまでと違ったアプローチ、文書構築・伝達の方法が採用されることには、これまでとは異なる意義があると思われます。

第 **2** 部

言葉で伝わる人物像

第 1 部では、「仕事の内容」の伝え方について学びました。

第 2 部では、「書き手の人物像」の伝え方について学びます。

「書き手の人物像」は副詞、敬語、語彙選択など、

さまざまなところに表れ、書き手の印象を形作ります。

そうした個々の表現を意識しつつ、「書き手の人物像」を

読み手にどのように伝えていくのかを考えます。

第2部「言葉で伝わる人物像」の紹介

　ここでは、第2部「言葉で伝わる人物像」にどんな内容が盛りこまれているか、その概要を紹介します。

　言葉は、情報と同時に感情をも伝えるものです。メールを受信するとわかるように、文面から喜怒哀楽が伝わってきます。特に伝わりやすいのが「怒」であって、書き手のイライラ、ムカムカ、カリカリなどは必要以上に伝わってしまいます。

　また、初対面や、よく知らない相手にコンタクトを取るときも注意が必要です。初対面の応募者からの申請や、知らない会社からの提案に対応する場合、文面が人柄を知るすべてで、文面から伝わる第一印象がその後の人間関係を規定します。業務文書は、その人物が仕事のできる人かどうかを判断する第一の材料とされるのです。

　2–1「品の良い表現」では、メールの文例を中心に、読み手に感じよく伝わる表現とはどのようなものかについて扱います。この章では、紋切り型を避け、労をねぎらい、適切な敬語を使い、クッション言葉をあいだに挟むといった表現が勧められています。これはまさに対面のコミュニケーションそのものです。話し言葉も書き言葉もその根っこは同じなのです。

　2–2「感じの悪い副詞」では、書き手の印象を下げる副詞について扱います。副詞は、接続詞などとくらべ、ふだんあまり意識されない品詞ですが、じつは書き手の印象を上げたり下げたりする力があります。「せっかく」「わざわざ」であれば、相手の労をねぎらう感じが出ますが、似た意味の「わざと」だと、とたんに悪意が感じられるのが不思議です。この章ではそうした副詞の悪

い面にさまざまな角度からスポットライトを当てています。

　2–3「適切な敬語」では、敬語使用の問題について扱います。正しい敬語には神経質になる必要はありませんが、読み手に強い違和感を与える敬語使用には警戒が必要です。日本語を母語としない筆者が、だからこそ見える敬語の盲点を、過剰使用、自敬敬語、「させていただく」、ウチ・ソト敬語、上から目線敬語、マニュアル敬語、オンライン敬語といった多様な角度から切りこみます。

　2–4「印象を損ねない言葉選び」では、語感の問題について扱います。言葉は選び方によって、きつく響いたり、場違いに聞こえたり、だらしなく見えたりします。そうした語感で損をしないよう、この章をとおして、ビジネス文書に現れがちな語彙の語感への感度を高めていただければと思います。

　2–5「キャラクタの的確な使い分け」では、キャラクタの使い分けと一貫性について扱います。フォーマルな場でカジュアルな言葉を選ぶと TPO の読めない人と思われたり、文書全体のキャラクタに一貫性がないといい加減な人と見られたりします。この章では、そうした印象にならないキャラクタの作り方を考えます。

　2–6「まとめに代えて」は、本書のまとめに当たる内容で、談話分析を専門とするスロベニアのリュブリャナ大学、アンドレイ・ベケシュ先生の特別寄稿です。ベケシュ先生の主張は、言葉の問題は、社会・政治の問題であり、言葉のみで解決できるものではないという点に集約されます。これは、きわめて重要な指摘であり、言葉の背後には社会権力がついて回るという事実に、私たちも目を留める必要がありそうです。

2-1

品 の 良 い 表 現

この章では、ビジネスメールにおける品の良い表現にかんする
疑問について取り上げます。品の良さは必ずしもなければならない
わけではないですが、ビジネスパーソンとして、社会人として、
一人の大人として、品が備わっていれば、あなた自身の印象や
仕事上の人間関係の構築や維持にプラスになるものです。
ビジネスで使うメールのなかで、あなたの品の良さを
表すことのできる表現を具体例から学びましょう。

Q43 **書き出しの挨拶を脱・定型化するにはどうしたらいいですか。**

A 43　⇨ 相手の状況によってカスタマイズしましょう。

　ビジネスメールを書くときに、最初に悩むのは、書き出しの挨拶という人も少なくないと思います。例えば、いつもこのような挨拶をしていませんか。

<u>いつもお世話になっております。</u>○○株式会社△△部の□□です。

　この書き出しの挨拶は、定型文だから間違いではないけれど、いつも同じ表現になってしまって味気ない…と感じている方もいるかもしれません。そんな時は、いつもの表現にちょっとした調味料を加えれば、表現のバリエーションが広がります。

　ここで、バリエーションを広げるポイントは、<u>相手の状況によってカスタマイズする</u>ことです。例えば、私たちが対面で挨拶する時も、朝であれば「おはようございます」、仕事が終わるときは「お疲れ様です」、部屋を入退出する時は「失礼します」と言っているのではないでしょうか。時間帯や自分の置かれた状況で言葉を使い分けるように、メールの書き出しの挨拶でも、そのようにすればいいのです。ちょっとした気配りは、メールの文面に品の良さをかもし出してくれます。

　具体的には次のような書き出しの挨拶が考えられます。他にもいい挨拶がないか、インターネットで検索してみて、挨拶のストックを貯めていきましょう。

〔 **あさイチでのメールなら…** 〕

例1 おはようございます。〇〇株式会社△△部の□□です。

〔 **久しぶりに送るメールなら…** 〕

例2 ご無沙汰しております。〇〇株式会社△△部の□□です。

〔 **立て続けにメールを送るなら…** 〕

例3 たびたび失礼いたします。〇〇株式会社△△部の□□です。

例4 五月雨式の連絡で失礼いたします。〇〇株式会社△△部の□□です。

〔 **相手のメールに返信するなら…** 〕

例5 〇〇株式会社△△部の□□です。ご連絡ありがとうございました。

例6 〇〇株式会社△△部の□□です。迅速なご返信ありがとうございました。

〔 **相手に何かお願いしていることがあるなら…** 〕

例7 お手数をおかけしております。〇〇株式会社△△部の□□です。

〔 **相手が忙しい状況にあると知っているなら…** 〕

例8 お忙しいところ失礼いたします。〇〇株式会社△△部の□□です。

例9 ご多用中のところ失礼いたします。〇〇株式会社△△部の□□です。

Q44 初めてメールする相手にはどのような挨拶がいいですか。

A44 ⇨ 自己紹介で話すのと同じように書きましょう。

　何の面識もない相手から初めて来たメールに「いつもお世話になっております。」と書かれていたら、みなさんはどう思いますか。

　定型文なのでおかしくない、という方もいるかもしれません。ただ、対面で初めて会う相手に、「いつもお世話になっております。」と言われたら、大半の方は「初めてなんだから、お世話してないのに…」という違和感を覚えるはずです。

　ビジネスメールの出だしも同じで、初めてメールする相手への挨拶のポイントは、自己紹介で話すのと同じように書くことです。初めて連絡するということを書き出しできちんと伝え、自分の所属と名前を丁寧に名乗ります。仲介してくれた人がいる場合は、その人の名前を出すことで、相手の人に「この人、怪しいんじゃないか？」と疑われなくなるでしょう。また、知らない人からのメールは、相手への不信感から、もっとも重要な用件のところまで読まずにスルーされることもあります。「なぜあなたにメールを出したか」という用件を早めに示すことで、メールを送った意図をすぐに読み取ってもらえるようにします。

　初対面の相手と名刺交換をする代わりだという意識を持ってメールを書き始めると、イメージが湧きやすいと思います。相手との関係性を理解しているビジネスマンだなと、品の良さを感じてもらえる良い機会になります。

［初めてメールする相手への挨拶］

例1 初めてご連絡させていただきます。〇〇株式会社△△部の□□と申します。〜の件で、ご相談したく、ご連絡いたしました。

例2 突然のメールで失礼いたします。貴社の◇◇様よりご紹介いただいた〇〇株式会社△△部の□□と申します。本日は〜についてお伺いしたく、ご連絡差し上げました。

例3 初めてメールをお送りさせていただきます。弊社の××の代わりにご連絡差し上げました、〇〇株式会社△△部の□□です。
　　　　××が長期休暇を取っているため、代わってご連絡いたしました。

例4 突然ご連絡を差し上げて申し訳ございません。〇〇株式会社△△部の□□と申します。貴社のホームページを拝見し、〜について詳しく伺いたくご連絡差し上げた次第です。

Q45 部下にはどのようなメールの書き出しの挨拶がいいですか。

A45 ⇨ 労をねぎらったり、手を煩わせて申し訳ないという一言を加えましょう。

　この本を手に取ってくださっている方の中には、顧客や上司を相手にメールのやりとりをしているだけではなく、部下ともやりとりをしている方が多いと思います。部下に対してのメールは、丁寧なあいさつを省略できると思って、本題からメールを書き始めてしまう方も多いのではないでしょうか。部署内の関係性にもよるかと思いますが、書き出しの挨拶が一言加わるだけで、部下の方々は「きちんと自分の仕事を見てもらえているな」と仕事へのモチベーションも高まることと思います。

　部下へのメールの書き出しの挨拶のポイントは、労をねぎらう一言や手を煩わせて申し訳ないという一言を加えることです。例えば、会議やプレゼン、外回りや、出張など、今向き合っている仕事について少しねぎらってもらうだけでも、下の立場にいる人はうれしいものです。また、忙しいうえに追加で仕事を頼まれただけだと、下の人も気がめいってしまいます。簡単な一言を加える大切さは、目上の方々に対してだけではなく、目下の人たちに対しても必要だということをもう一度考えてみてはいかがでしょうか。

［状況に合わせた挨拶を書くなら…］

例1　会議／プレゼン／外回り／取引先へのご挨拶／日帰り出張／マニラへの海外出張お疲れ様です。□□です。

例2　会議の準備／資料の作成をしてもらっているところ、すみません。□□です。追加でお願いしたい件が出てきました。

Q 46　**メールの敬語表現をうまく使うにはどうしたらいいですか。**

A 46　⇨ 適切な謙譲語や丁重語を適切な場面で使えると上品です。

　ビジネスというと、敬語表現です。敬語表現は目上の方への丁
寧な言葉という印象が強くて、よく尊敬語は使うけれど、自分た
ちのことに対して、へりくだって使う表現がうまく使えないとい
う方もいらっしゃるかもしれません。しかし、自分たちの行為や
意思に対して、適切に敬語表現を使うことができれば、相手にさ
らに敬意を持って示すことができます。つまり、自分や自社の希
望を伝える時、または、相手からの依頼や申し出に対して断る時、
相手からの意見に反論する時などに使うと効果的です。

　このような場合の敬語表現のポイントは、適切な場面で適切な
謙譲語や丁重語を使うことです。謙譲語とは自分の立場を下げて
相手を高める敬語で、「ご〜する」「申し上げる」「差し上げる」な
どがそれにあたります。また、丁重語は話の聞き手に対して敬意
を払う敬語で、「まいります」「ております」「存じます」「いたし
ます」などです。ですので、自分がすることをはっきり伝える場
合は、自分の立場を下げる謙譲語を、目の前で話を聞いている相
手に丁寧に話の内容を伝えたいなら、丁重語を使います。

　例えば、次の例を見てみましょう。私（たち）がこれからするこ
とをはっきり伝えていますので、謙譲語を用いています。

> **例 1**　私が本件についてご説明します。
> **例 2**　より一層のサービスをご提供させていただきます。

　この他にも、以下のような場合は、謙譲語を用いて敬意を表し
ます。

〔 自分が依頼を断るなら… 〕

例3　今回はお引き受けしかねます。

例4　今回はお断りさせていただきます。

〔 クレームを述べるなら… 〕

例5　一層のご留意をいただきますよう、お願い申し上げます。

例6　今後はよろしくお取り計らいくださいますよう、お願い申し上げます。

一方、次の例は、相手に聞いてほしい内容を伝えているので、丁重語を用います。

例7　明日までにお返事いただきたく存じます。

例8　ご確認の上、至急ご連絡いただければと存じます。

丁重語は、以下のような場合にも用います。

〔 相手に今の状況を伝えるなら… 〕

例9　ただいま在庫を確認しております。

例10　在宅勤務のため本日は出社しておりません。

〔 相手に反省の弁を伝えるなら… 〕

例11　今後はこのようなことがないよう、十分注意いたします。

例12　今後はこのような不手際のないよう、注意してまいります。

謙譲語と丁重語が正しく使い分けられれば、敬語表現を使いこなす大人としての品をかもし出せること、請け合いです。

Q 47 味気ない終わりの挨拶にならない表現がありますか。

A 47 ⇨ いつもの挨拶に、クッション言葉をつけ加えましょう。

　メールの最後に書く終わりの挨拶も、大抵の方は、「どうぞよろしくお願いいたします」だけのワンパターンになっていませんか。これでも問題はないのですが、やはりコピペや署名のような「定型文」の印象がぬぐえません。時と場合によって書き分けられていると、やはり大人としての配慮を感じます。

　ここで、味気ない終わりの挨拶から抜け出すためのポイントは、<u>クッション言葉と定型文の挨拶をセットで用いる</u>ことです。クッション言葉とは、名前の通り、相手の心理的負担を軽減させる表現のことで、「申し訳ございませんが」「お手数をおかけしますが」など、「〜が」の形で使います。メールの本文の内容が、相手への依頼や指示、断り、謝罪などを言いたい場合、クッション言葉を文の最初につけることで、相手が受ける心理的負担が軽減できると言われています。

　まず、依頼する際のクッション言葉の使い方を見てみましょう。

> 例1　お手数をおかけいたしますが、どうぞよろしくお願いいたします。
>
> 例2　忙しいところ恐れ入りますが、どうぞよろしくお願いいたします。

　「お手数をおかけいたしますが」「お忙しいところ恐れ入りますが」がクッション言葉、「どうぞよろしくお願いいたします」が相手に伝えたいことです。いきなり「お願いします」と言われると唐突ですが、クッション言葉があることで唐突さが和らぎます。

他にも、以下のような場合にクッション言葉が用いられます。

〔相手に何回もお願いしているなら…〕

例3 何度も申し訳ございませんが、どうぞよろしくお願いいたします。

〔相手にメールの内容を確認してほしいなら…〕

例4 お手数をおかけしますが、ご確認くださいますよう、どうぞよろしくお願いいたします。

〔相手に添付した資料を確認してほしいなら…〕

例5 お手数をおかけいたしますが、ご査収の程、どうぞよろしくお願いいたします。

〔相手にこちらの提案を検討してほしいなら…〕

例6 お時間をいただき恐縮ですが、ご検討の程、どうぞよろしくお願いいたします。

〔相手に謝りたいなら…〕

例7 ご迷惑をおかけし申し訳ございませんが、ご容赦くださいますよう、どうぞよろしくお願いいたします。

例文にあるように、クッション言葉と「どうぞよろしくお願いいたします」の間に、「〜の程」「〜ますよう」など、メールを送った目的の言葉を入れることで、より一層メールの意図が際立ちます。大人のマナーの世界ではよくクッション言葉が用いられていますので、メールでの挨拶にも応用して使っていきましょう。

感じの悪い副詞

文章を読んでいて、書き手の上から目線を感じて不快に思ったことや、

書き手の意図を計りかねて困惑したことはありませんか。

実は、この要因の一つは副詞の使い方にあるのです。

この章では、ビジネス文書で副詞を使う際に生じる問題、

「感じの悪い副詞」について考えていきます。

Q48 読み手が感じが悪いと思う副詞の使い方とは、どんな使い方ですか。

A48 ⇨ 読み手が意図を適切に理解できなかったら、不快感や疑念を抱いたりする使い方です。

　副詞には、「ゆっくり」「あらかじめ」など動作を詳しく表すもの（情態副詞）、「とても」「少し」など程度を限定するもの（程度副詞）、「もし」「決して」「もちろん」など書き手の叙述内容に対する態度や心情を述べるもの（陳述副詞）があります。適切な環境で使用すれば、仕事内容を効果的に伝達できますが、使用を誤れば、読み手が不快感や疑念を持ってしまう可能性があります。

　富士通研究所の AI 技術 Wide Learning™ を用いたクラウドワークスの発注文書の分析では、「閲覧者数」に対する「応募者数」の比率を使って発注実績の正負を調査した結果が報告されています（1–7参照）。その中で、「応募が集まりにくい」発注文書の特徴として「副詞の多い文書」が挙げられています。

　ビジネス文書は、仕事の依頼や作業内容の指示が主たる目的の文書ですから、極論すれば副詞は用いなくても文書作成は可能です。しかし、普段使っているので何気なく使った副詞、よかれと思って使った副詞が、読み手の気持ちに障ることがあります。実際に発注文書の「ライター募集」に書かれていた次の例を読んで、あなたはライターに応募しようと思いますか。

> 例1　紹介記事を作成して頂きます。とにかく読みやすさや丁寧さを重視します。尚且つ、こちらの指示を素直に聞き入れ意思疎通がキチンと図れる方、訂正に迅速に対応して頂ける方を募集します。コピペは絶対に行わないでください。

　読み手は、「ふーん、『とにかく』か。なんかぞんざいな依頼だな。それから、『意思疎通がキチンと図れる』って、何？『キチンと』って片仮名で強調してあるけど、具体的にはどういうこと？それに、コピペは禁止って、社会通念上当然のことだろ。『絶対に』を使って禁止しなきゃならないほど、応募者を信用していないんだ」などと思うかもしれません。

　これらのことから、読み手は指示の内容と同時に、文脈から伝わる書き手の心情や認識を読み取っていることがわかります。書き手は、意図していない気持ちが伝わってしまう可能性、意図していた内容が伝わらない可能性があることを念頭において、副詞を使用することが大切です。

　ビジネス文書における「意図を適切に理解できなかったら、不快感や疑念を抱いたりする副詞の使い方」には次の四つの場合があります。

読み手が感じが悪いと思う副詞の使い方

書き手の意図した 情報が伝わらない	①書き手の主観的裁量を計りかねて、困惑する ②書き手の真意を計りかねて、負担に感じる
書き手の意図しない 気持ちが伝わる	③書き手の上から目線を感じ、不快感を持つ ④書き手の断定的決めつけを感じ、疑念を持つ

　この章では、これらの場合について具体的に検討していきます。

Q49 読み手が困惑してしまう副詞の使い方にはどのようなものがありますか。

A49 ⇨ 程度に関係する副詞の使用で、書き手の意図が曖昧になってしまう使い方です。

　副詞には、「とても」「よほど」、「よく」「しっかり」など程度に関係するものがあり、状態や性質の程度を詳しく伝えるはたらきをしています。しかし、これらは書き手の主観的判断により選択される言葉であるため、ビジネスで仕事を依頼する文書で用いる場合、書き手の尺度を読み手が計りかねる場合があります。以下は、実際の仕事の注意点で用いられていた例です。

> **例1** 意味が分かれば<u>少々</u>の誤字、脱字、タイプミスは気にしません。修正はこちらで行います。
>
> **例2** △△様からいただいたクレームに対する対応の経緯を<u>しっかり</u>文書で報告してください。

　例1の「少々」は程度が低いことを表す副詞ですが、「少々の誤字、脱字、タイプミス」の「少々」がどの程度を指しているのか曖昧です。書き手の主観的な判断で選択した「少々」と、読み手の想定する「少々」は程度が異なる可能性がありますので、読み手は具体性のない指示に困惑してしまいます。
　例2ですが、「しっかり」は「揺るがない、安定した感じ」であるという語源から拡張した複数の意味を持つ言葉です。例2の「しっかり」は「動作、行為を確実に行うこと」という意味があります。では、「しっかり報告する」とは「何をどの程度報告すること」なのでしょうか。この場合も、書き手が意図する「しっかり」

を読み手に具体的に伝える必要があります。

　以上のように、程度に関する副詞は、書き手の主観的判断に基づいて選択されたものであることを認識し、特に作業を伝える文書においては読み手と誤解なく理解し合える具体的な記述にする必要があります。以下は、書き換えの一例です。

〔修正後〕

例3　意味が分かれば各原稿3か所以内の誤字、脱字、タイプミスは気にしません。修正はこちらで行います。

例4　△△様からいただいたクレームに対する対応の経緯について、発生した状況を時系列に沿って、今後の対策も含め、文書で報告してください。

　なお、ビジネスでよく用いられる、程度に関係する副詞には、表1のようなものがあります。相手に自分のしてほしい作業や行動を伝える文書で不用意に用い、読み手を困惑させている可能性がないか確認してみてください。

表1　ビジネスでよく用いられる程度に関係する副詞

程度副詞	非常に　ほとんど　十分　とても　かなり／多少　少し　少々／あまり　なかなか　よほど／一番　より　もっと　比較的
程度に関係する情態副詞	よく　しっかり　すぐ　はっきり　きちんと　いまいち

Q50 読み手が理解に負担を感じてしまう副詞の使い方にはどのようなものがありますか。

A50 ⇨ 具体性のない副詞の使用で、書き手の意図が伝わらない使い方です。

　「いろいろ」「それぞれ」などは、日常生活で頻繁に用いられる副詞ですが、ビジネス文書にこれらの副詞を含んだ表現を用いる際は注意が必要です。なぜなら、これらの副詞は具体性がなく、読み手によって解釈のずれが生じやすいからです。提案書や作業の指示書などでは、共に仕事を進めていくメンバーの誰が読んでも同じ解釈ができる表現であることが必要です。書き手の意図を計りかねる表現は、読み手の内容解釈に負担を与えてしまいます。以下は、実際に用いられていた例です。

> **例1** カーエアコンをつけたとき、たまにイヤーな臭いがするときはありませんか？……そこで今回は、カーエアコンから出てくるイヤーな臭いを断つための<u>それぞれの対処法</u>を紹介します。
>
> **例2** このテンプレートは、実際にセミナーで使用したものです。非常にシンプルで、<u>いろいろな状況</u>で使用しやすく、応用が効くテンプレートになっています。
>
> **例3** 【作業の指示書】……お願いする際には、<u>一応</u>タイトルをいくつか提示しますので、そちらを基に記事を書いてください。

　例1の用例の「それぞれの対処法」は、「いくつかの対処法があって、その一つ一つの対処法」という意味ですが、「それぞれ」

146

が何についての「それぞれ」なのかが曖昧であり、解釈にずれが生じる可能性があります。

　例2の「いろいろな状況」とは、「たくさんある、違う種類の状況」という意味です。書き手の意図する「いろいろ」が具体的に何を意味するのかは明示されていないため、読み手は明瞭でない文書の理解に戸惑ってしまいます。

　例3の「一応」は「完璧とは言えないものの、必要最低限の条件は満たしているさま」を表す言葉です。読み手は「一応提示されたタイトル」をどう解釈したらいいか、判断に迷ってしまいます。

　以上のように、これらの副詞を含む表現は書き手の意図を明確に伝えていないことを認識し、誰が読んでも同じ解釈ができるよう、内容を具体的に説明する必要があります。以下は、書き換えの一例です。

〔**修正後**〕

例4 　カーエアコンをつけたとき、たまにイヤーな臭いがするときはありませんか？……そこで今回は、カーエアコンから出てくるイヤーな臭いを断つための原因別の対処法を紹介します。

例5 　このテンプレートは、実際にセミナーで使用したものです。非常にシンプルで、目的や場面に合わせて使用しやすく、応用が効くテンプレートになっています。

例6 　【作業の指示書】……お願いする際には、当企画の特集に関連する仮のタイトルをいくつか提示しますので、そちらを基に記事を書いてください。

Q 51　読み手が不快に思う副詞の使い方にはどのようなものがありますか。

A 51　⇨ 書き手の上から目線が伝わってしまう使い方です。

　副詞の中には、書き手の心情や認識のあり方を含意するものがあり、適切な文脈で使えば、書き手の配慮を読み手に伝えることができます。例えば、「くれぐれも」は「相手のために心を込めていること」を、「なにとぞ」は「相手に丁寧にお願いや謝罪をしていること」を、「あいにく」は「相手の期待に添えないことへの残念な気持ちを持っていること」を伝えることができます。しかし、反対の場合もあります。以下は、実際にあった、仕事を依頼するメールの文章です。

> 例1　……本社で開かれる新規プロジェクト立ち上げ会議にご出席ください。詳細は以下の通りです。分担の資料を<u>せいぜい</u>A4、2ページ程度で用意してください。
>
> 例2　士業は、受験や勉強について普通に書いていただいて大丈夫です。<u>そもそも</u>仕事に直結する資格ですから。

　例1の「せいぜい」は「多く見積もっても」という意味で自分の判断を述べる文脈の中で使う言葉ですが、「たかが知れている」という意味も含意しています。他者の行動に「せいぜい」を付けることは、他者の能力や行動の限度を勝手に低めに見積もることになってしまう点に問題があり、読み手は書き手の上から目線を感じてしまいます。

　例2の「そもそも」は「発端から言うと」という意味で、物事の始まりを説明する文脈で使う言葉です。「士業が仕事に直結する資

格」であることを「そもそも」を含む文脈で述べることで、書き手
の知識差の優位性が読み手に伝わってしまう点に問題があります。

　以上のように、これらの例は、「せいぜい」「そもそも」を使用
した結果、書き手の意図しない優越した意識が伝わり、読み手に
違和感や不快感を与えてしまっています。この問題は、これらの
文脈での書き手の心情や認識を伝える副詞の使用を控えることで
解決できます。以下は書き換えの一例です。

> 〔修正後〕
> 例3 ……本社で開かれる新規プロジェクト立ち上げ会議にご出
> 　　　席ください。詳細は以下の通りです。分担の資料を A4、2
> 　　　ページ程度で用意してください。
> 例4 士業は、仕事に直結する資格ですから、受験や勉強につい
> 　　　て普通に書いていただいて大丈夫です。

　なお、書き手の心情を含意する副詞には、表1のようなものが
あります。ビジネス文書などで用いるとき、これらの副詞がその
文脈で必要かどうか、誰の行動を修飾しているか、意図しない心
情が伝わる可能性がないか確認してみてください。

表1　書き手の心情を含意する副詞

ポジティブなニュアンスを持つ副詞	おかげさまで　くれぐれも　さいわい　さすが　なにとぞ　ひとえに　わざわざ
ネガティブなニュアンスを持つ副詞	あいにく　あえて　しょせん　せいぜい　せっかく　そもそも　どうせ　まさか　やはり　やたら　ろくに　わざと

Q 52　読み手が疑念を持つ副詞の使い方にはどのようなものがありますか。

A 52　⇨ 書き手の断定的決めつけを感じてしまう使い方です。

　　副詞の中には、「決して」「絶対」のように強調を表すものがあり、書き言葉でも話し言葉でも多く用いられています。これらの副詞を、仕事の注意事項や募集条件で使う場合、ある事柄をあえて強調したり限定したりすることから、作業内容や作業経緯への書き手の考えが透けて見えてしまい、読み手が不安や疑念を持つ場合があります。強調や限定を表す副詞は、使い方に注意が必要です。以下は、実際に使われた仕事の依頼文章の一部です。

> 例1　【応募条件】……責任感があり、途中で投げ出さない方。きちんと連絡が取れる方。礼儀が<u>全く</u>できない方は募集対象外です。
>
> 例2　コピペが発覚した場合は、法的責任が生じる場合がありますので注意してください。<u>当然</u>、報酬は返還となります。

　　例1の「全く」は「ない」と呼応して全否定を表す副詞です。この例の場合「常識を欠いた人」か「感謝や謝罪が言えない人」か不明確ですが、かつての応募者の中に「全く常識を欠いた人」「感謝や常識が全く言えない人」がいたにせよ、応募者の中にあたかもそうした人がいるかのように決めつけ、一方的に排除するような書きぶりから、書き手の身勝手さを読み手は読み取ります。
　　例2の「当然」は「道理にかなっていてあたりまえ」という意味を持つ言葉です。「コピペが発覚した場合」「報酬を返還する」のは社会通念として当然のことですが、読み手も十分承知してい

ると思われる事柄を、「当然」であると言及している点から、「書き手は読み手の中に当然のことがわからない人がいる」と思っており、書き手が相手を信用していないことや、仕事を与えてやっているという上から目線を感じ、不快感を持つのではないでしょうか。

　以上のように、これらの例は、「全く」「当然」を使用した結果、仕事内容や読み手を書き手がそれまでの経験から独断的に決めつけている意識が伝わり、読み手に不安や疑念を与えてしまっています。以下は、書き換えの一例です。

〔修正後〕

例3　【応募条件】……責任感があり、途中で投げ出さない方。きちんと連絡が取れる方。礼儀を重んじる方。

例4　コピペが発覚した場合は、法的責任が生じる場合がありますので、注意してください。

　なお、強調や限定を表す副詞には表1のようなものがあります。何気なくこれらの副詞を使ったことから、読み手に不快感を与える可能性がないか、確認してみてください。

表1　強調や限定を表す主な副詞

全否定を表す副詞	一切　決して　少しも　全然　全く
強調を表す副詞	必ず　きわめて　絶対（に）　非常に
限定を表す副詞	あくまで（も）　せいぜい　せめて　たかが　当然

2-3

適切な敬語

敬語の誤りで損をしていませんか。

この章では、良好な人間関係を築き上げるために、

間違い敬語、With コロナやポストコロナ、

テレワーク中のオンライン会議やプレゼンですぐに使える敬語、

および、社内 SNS ですぐに使える敬語を取り上げます。

敬語が正しく使えると、社会人としての信頼を得ることが

きっとできるはずです。

Q 53 どうすれば敬意の表現が過剰にならずに済みますか。

A 53 ⇨ 一単語一敬語ですっきりした表現に変えましょう。

　敬語を重ねても、相手への敬意は高まるとは限りません。大切なのは「形」よりも、「心」です。過不足のないスマートな敬意表現を心がけましょう。例えば、以下のような仕事募集を見たら、どんな風に感じるでしょうか。

> 例1　実は、今回は1つのお仕事のみの募集ではありません。継続的にお願いできればと思っております。たくさんのご応募＆ご質問をお待ちいたしております。

　例1の「お待ちいたす」は「待つ」の謙譲語（自分側を低めることで、行為の及ぶ先を高めて敬意を表す敬語）、「ておる」は「ている」の謙譲語です。一つの語について、同じ種類の敬語を重ねると、慇懃無礼に響きます。かえって敬語を減らしたほうが、心が素直に届きます。

> 〔修正後〕
> 例2　実は、今回は1つのお仕事のみの募集ではありません。継続的にお願いできればと思っております。たくさんのご応募＆ご質問をお待ちしています。

　例1のように丁寧な言葉遣いをしようとしても、結果として、相手との間に距離ができてしまうケースは少なくありません。

Q 54 なんでも「お・ご／御」を付ければ大丈夫ですか。

A 54 ⇨ そうとは限りません。特に、自分側に「お・ご／御」を付けるのには慎重さが必要です

　「お・ご／御」を名詞の前に付けるのは一般的な使い方で、名詞に美しい雰囲気をかもし出す効果があります。しかし、中には、自分側のことに「お・ご／御」をつけると、不自然になってしまうこともあるので、なんでもかんでも「お・ご／御」をつければよい、というものではありません。例えば、例1の「ご返信」「お時間」は、上品に美化して表現するために用いたのかもしれませんが、自分のことを尊敬しているように見られる恐れもあります。自分側のことであるため、「返信」「時間」だけで十分です。

> **例1**　土日祝日にいただいたメールは<u>ご返信</u>に<u>お時間</u>を要することがございます。

　また、ビジネスメールの件名として、以下の例2の表現がよく使われていますが、これは問題ないでしょうか。

> **例2**　「資料の<u>ご送付</u>」「会議日程の<u>ご連絡</u>」
> 　　　　「忘年会開催の<u>お知らせ</u>」「販売状況の<u>ご報告</u>」
> 　　　　「異動／退職／転勤の<u>ご挨拶</u>」

　実は、尊敬語（相手側や話題に登場する人物を高める時に使う敬語）と謙譲語にはどちらも「お・ご」の使い方があります。例2の「お・ご」の使い方は、尊敬語ではなく、謙譲語「お・ご」の使い方となるので、特に問題がありません。

Q 55 「させていただく」はいつ使えばいいですか。

A 55 ⇨ 許可の必要な内容、恩恵を受ける気持ちの二つの条件が揃ったときに使います。

　「させてもらう」を謙譲語にすると「させていただく」となります。一般的には丁寧語「ます」を付けて「させていただきます」として使います。基本的には、①相手や第三者の許可を得て行うことと、②その行為によって恩恵を受ける事実や気持ちがあるという二つの条件が揃った場合に使われる表現です。

　例えば、以下の例1と2のように、ビジネスシーンで、日程調整や検討事項がある時などは、「のちほど連絡する」という意味合いで「ご連絡させていただきます」という表現が広く使われていますが、必ずしも適切ではありません。特に必要のないところで「させていただく」を使うと、印象が悪くなる可能性も考えられます。また、誰からも許可を得ていない／得る必要がないことに対し、一方的に「ご連絡させていただきます」と言われても、相手は困ってしまいます。特に、上司や目上の人には使わないようにしたほうが、失礼な発言につながるようなトラブルも避けられます。

> **例1** 次回の会議の日程について、<u>ご連絡させていただきます</u>。
>
> **例2** この件に関しては、社内で検討を行ったのち、改めて<u>ご連絡させていただきます</u>。

　誤用の多い「させていただく症候群」にならないように、「ご連絡します／いたします」のような、「(お・ご) 〜する／いたす」で言い換えることが大事でしょう。

Q 56 　社外の人に敬語を使う時、何に注意すればいいですか。

A 56 　⇨ ウチソト逆転敬語にならないように注意しましょう。

　社外の人に対して、自分の会社の同僚や上司を高めて話す人を時々見かけます。しかし、自分の会社の人は社外の人の前で高めてはいけません。社内では高めるべき同僚や上司も、一歩外に出れば、自分と同じ会社の社員、つまりウチの人だからです。反対に、社外の人は、つねにソトの人ですので、その行為を謙譲語で表すことは大変失礼になります。「誰を高めて、誰を低めるべきか」を意識して適切な敬語を使いましょう。例1は電話で、そして例2は取引相手に用意してほしいものがある時、よく使われている言い方ですが、正しいでしょうか。

　例1　弊社の〇〇に<u>お伝えします</u>。
　例2　こちらの商品サンプルを<u>ご用意できませんか</u>。

　例1の「お伝えします」という言い方が間違いです。「お伝えする」と、自分の会社の人（ウチ）を高めるのではなく、「申し伝える」と、電話相手（ソト）を立てる言い方にしましょう。また、例2の「ご〜できる」は、相手の行為につけて使うのは間違いです。相手側（ソト）の行為に対して、「お・ご〜いただく」という謙譲語を使いましょう。

　〔修正後〕
　例3　弊社の〇〇に<u>申し伝えます</u>。
　例4　こちらの商品サンプルを<u>ご用意いただけませんか</u>。

Q 57 　上から目線の敬語をどうすれば避けられますか。

A 57　⇨ 上から見下したような印象の敬語に気を付けることです。

　ねぎらいの気持ちや感謝の気持ちを伝えようとしても、その相手が敬語を使うべき人であったら、ふさわしい言葉で表さないと、逆に失礼になります。「何様のつもり？」と、相手に嫌な気持ちを抱かせるような、上から目線の言葉遣いや口調に気を付けましょう。例えば、例1と2のように、社内SNSや電話で、部下が上司に、以下のような敬語を使ったら、上司は喜んで受け入れるでしょうか。

> 例1 （オンライン説明会の準備のために、休日返上で仕事をしてくださった上司に）ご苦労様でした。
>
> 例2 （自分の担当業務に関する報告をした後）おわかりいただけましたか。

　まず、例1の「ご苦労様」は、地位の高い人が地位の低い人をねぎらう時に使われる言葉です。また、例2の「わかりましたか？」「わかっていますか？」は、相手の理解力を問うことになり、「理解してくれるはずだったが、なんで理解してくれなかったのか」と責めたりするようなニュアンスがあります。上司の顔を立てたりする必要があるため、以下のような表現に変えましょう。

> 〔修正後〕
>
> 例3 お疲れ様でした／ありがとうございました。
>
> 例4 私の報告の中でわかりにくいところはありませんでしたか。

Q 58　会社の敬語マニュアルを使えばすぐ達人になれますか。

A 58　⇨ マニュアル敬語の落とし穴に要注意です!

　　最近、取引相手やお客様への対応をマニュアル化する企業が増えてきました。しかし、間違った敬語がそのまま記載されている場合も少なくありません。そうしたマニュアル敬語を、丁寧な言葉として信じ切って使う人も多いので注意が必要です。例えば、オンラインミーティングで、初対面の社外の人に対して、例1、例2のようなマニュアル敬語を使っても、大丈夫でしょうか。

> 例1　先ほど、チャットでお送りいただいたメールアドレスと、念のため、お電話番号もいただけますか。
>
> 例2　こちらのネット環境が悪かったようで、お声が途切れていてよく聞き取れなかったので、お名前をもう一度頂戴してもよろしいでしょうか。

　　例1の「お電話番号もいただけますか」は、電話会社から新しい電話番号を割り当ててもらうように聞こえます。また、例2の「頂戴する」は、初対面の時の「名刺を頂戴する」の「名刺」とは異なり「名前」は人にあげたり人からもらったりできません。

> 〔修正後〕
>
> 例3　先ほど、チャットでお送りいただいたメールアドレスと、念のため、お電話番号も教えていただけますか。
>
> 例4　こちらのネット環境が悪かったようで、お声が途切れていてよく聞き取れなかったので、お名前をもう一度伺ってもよろしいでしょうか。

Q 59 オンライン会議などでの敬語をどうすればいいですか。

A 59 ⇨ 対面よりも反応が伝わりにくいので、対面の時以上に慎重に対応しましょう。

　オンラインの会議やプレゼンで話す時は、相手のビデオがオフで顔が見えなかったり、相手がミュートにするため相槌などが聞こえなかったりすることが多いです。このように、対面の会議やプレゼンに比べて、相手の反応を把握しにくくなるので、相手にとって、不快やストレスになりそうな表現・発言をしないように気をつけないといけません（自発的に不快な発言をするわけではないでしょうから）。例えばオンライン会議で相手の顔が見られず相手が笑っているか怒っているかがわからないまま、チャットで以下の例1〜3のような質問・確認が来たら、相手が自分のプレゼンや説明などに不満を持っていると受け取られてしまうでしょう。

> **例1** 質問なんですけど、なんか今の変ですよ。
> **例2** ○○、もう一回わかりやすく言ってくれませんか。
> **例3** ○○ってことですよね？

　例1〜3のようなストレートかつ露骨な表現を、以下のように言い換えれば、お互いの緊張やストレスなどを減らせます。

〔**修正後**〕
> **例4** 確認したいことがあるのですが、今、質問してもいいですか。
> **例5** ○○について、もう少し詳しく教えていただけますか。
> **例6** ○○という理解でよろしいでしょうか。

以上のポイントをまとめると、次のことがわかります。

① 相手の言っていることに疑問を抱いた場合は、ストレートに伝えるのではなく、角の立たない穏やかな言い回しで伝えること。
② 「わかりやすく言ってください」はとても荒っぽい言い方です。相手を立てながら、こちらの要望を伝えること。
③ 要点を確認する時、「ってこと」というぞんざいな表現を避け、「ということ」「という理解」などと丁寧な表現を心がけること。

また、相手や上司の顔が見えないまま、チャットで、以下の例7〜10のように自分の意見を述べた場合、相手や上司が納得してくれるでしょうか。

> 例7 だったらC案でいったほうがいいんじゃないですか？
> 例8 まあ、個人的にはそれでいいと思いますよ。
> 例9 大体OKですけど、納期って大丈夫ですか？
> 例10 それは絶対おかしいです！

自分の意見を言ったり、相手の意見に賛成／反対したり、大体賛成の上で疑問点を述べたりする時、以下のように相手の立場や心情に配慮して相手を立てながら自分の意見を述べましょう。

> 〔修正後〕
> 例11 そうでしたらC案のほうがよいのではないでしょうか。
> 例12 私は賛成です。
> 例13 こちらの納期だけが心配です。
> 例14 〇〇という見方はできませんか？

Q 60 社内SNSは相手との距離が近いので、敬語を使わなくても大丈夫ですか。

A 60 ⇨ あくまで仕事ですので、友達モードになってはいけません。

　社内SNSでチャットをする場合、後輩や仲のいい同期は別として、上司や先輩付き合いのない同僚に対して、特にテレワークでお互いの顔が見えない状況下で良好な人間関係を構築・維持するには、敬語が対面以上に重要になります。

　まず、社内SNSで上司や先輩から指示・指摘があった時、例1〜6のような返答で問題ないでしょうか。

例1 （仕事を頼まれて）はい、いいですよ。

例2 （初めての仕事で自信がない）やったことないんでわかりませんが…

例3 （なるべく早くと言われ）じゃあ、すぐやりますね。

例4 （仕事の仕方を注意され）ごめんなさい。

例5 （トラブルの責任を問われた）でも、この件は私だけのせいではありませんよ。

例6 （今後ちゃんとするようにと言われた）気を付けます…

　例1は、上司に「やってくれないか」などと仕事を頼まれた時には、「いいですよ」ではなく、「承知（いた）しました」「わかりました」といった返答がふさわしいです。また、例2は、初めての仕事で自信がなくても、あいまいに語尾を濁さずに、どうしたいのか、どうしてほしいのかをきちんと話し合いましょう。例3の「じゃ」と「〜ね」は砕けた言い方なので、基本的に使いません。例4の「ごめんなさい」は親しい相手の時やプライベートな

シーンで使います。ビジネスシーンでは、「申し訳ありません」や「申し訳ございません」が一般的な言い方です。また、例5のような、自分だけのミスではない時には、謝った後で、今後の対応策などを伝える方法もあります。さらに、例6のように、ミスをした時は、その後の対応が大切です。まず、きちんとした言葉で謝り、頭を下げて、今後、同じミスを繰り返さない心構えや態度を示すことが大事です。以下は書き換えの一例です。

〔修正後〕

例7　（仕事を頼まれて）はい、承知（いた）しました。
　　　×日までにやります／します。

例8　（初めての仕事で自信がない）不慣れですので、ご指導をお願い（いた）します。

例9　（なるべく早くと言われ）すぐに取り掛かります。

例10　（仕事の仕方を注意され）申し訳ありません。

例11　（トラブルの責任を問われた）申し訳ございません。チーム全体で改善策を考えてまいります。

例12　（今後ちゃんとするようにと言われた）大変申し訳ございません。今後、二度とこのようなことがないよう気を付けてまいります。

次に、社内SNSで上司や先輩に報告・連絡・相談する時、例13〜19のような書き方だと、相手はどんな風に感じるでしょうか。

例13　（報告を切り出す）昨日の先方とのオンライン会議について報告したいんですけど…

例14　（報告することが何件もある）たくさんあるんですけど大丈夫

ですか？

例15 （仕事の結果を報告する）例の件なんですけど、うまくいってますよ。

例16 （体調を崩して休む）体調が悪いので今日お休みします。

例17 （急ぎの確認がある）すみません、これを先に確認させてください！

例18 （込み入った相談を持ち掛ける）面倒な話なんですけど…

例19 （お礼を言う）凄く参考になりました。

　例13は、忙しい相手に、まず「少しお時間をいただけませんか」と相手の都合を確認してからのほうがスムーズになるでしょう。また、いつも簡潔な言葉でやり取りができるように言葉を準備することが大切です。例14では、曖昧な言い方は相手に負担をかけますので、報告する件数を正確な数字で表すと相手に聞く準備をしてもらうこともできます。例15の「例の件」は、必ずしも相手も同じ認識を持っているとは限らないので、「○○の件」のように内容を具体的にしっかりと伝えましょう。それから、例16のように、体調が悪く休む時には、具体的に説明することが大事です。「ちょっと体調が悪いので」というような曖昧な表現を避けて上司、先輩や同僚が納得できるように書きましょう。例17のように、急な用件を相手に依頼する時には、相手にかける負担も大きいため、より丁寧な言葉でより謙虚な態度で臨みましょう。さらに、例18の面倒には、手間がかかって煩わしいという意味があり、主観が入ります。仕事ですので、主観を入れずにできるだけ客観的に書くことがポイントです。例19の「参考になった」では、相談に乗ってくれた相手に対して失礼になるかもしれません。相手の答えを受けて自分がどう行動するのかを示すと、相手

からの信頼度もアップすることになるでしょう。以下は書き換え
の一例です。

［**修正後**］

例20　（報告を切り出す）少しお時間をいただけませんか。昨日の
　　　　オンライン会議の報告があります。

例21　（報告することが何件もある）ご報告したいことが5件ほどご
　　　　ざいます。

例22　（仕事の結果を報告する）○○の件は、順調です。

例23　（体調を崩して休む）おはようございます。○○課長。実は
　　　　夕べから熱があり、今から病院に行きたいです。大変申し
　　　　訳ございませんが、本日はお休みをいただいてもよろしい
　　　　でしょうか。

例24　（急ぎの確認がある）申し訳ございません。こちらを先に確
　　　　認させていただけますか。

例25　（込み入った相談を持ち掛ける）込み入ったご相談で申し訳ご
　　　　ざいませんが…

例26　（お礼を言う）大変勉強になりました。早速○○します。

2-4

印象を損ねない言葉選び

――――

読み手に対して、書き手のネガティブな印象が
伝わってしまう言葉とはどのような言葉でしょうか。
この章では、空気を読んでいないと思われてしまう言葉、
何となくこなれていないと感じられてしまう言葉、
書き手の印象を悪くしてしまう言葉の省略について取り上げます。
どんな点に気をつければ、書き手の心証を損ねることなく、
読み手に伝えることができるのでしょうか。

Q 61 空気を読んでいないと思われてしまうのは、どんな言葉ですか。

A 61 ⇨ 例えば、上から目線が透けて見える言葉です。

　昨今のテレワークの浸透で、一度も顔を見たことのない人と一緒に仕事をする機会があるかもしれません。あなたが書いた文章の読み手は、書かれた文章から、あなたがどんな人物なのかを想像するはずです。この人、何だか空気を読んでいないなと感じられては、第一印象が悪くなってしまいます。それは文章の読み手に対する「上から目線」が感じられる言葉の選択が原因かもしれないと疑ってみてください。もしも、上司や同僚、ビジネスパートナーから仕事を依頼されたとき、以下のように書かれた文を受け取ったら、どのように感じるでしょうか。

> 例1　業務を確実に遂行してください。
> 例2　条件のすべてを要求しているわけではありません。

　「遂行」「要求」ともに、非常に強い言葉です。読み手は、まるで軍隊組織で使われるような言葉に感じられるのではないでしょうか。こんな言い方をされては、文章の書き手と一緒に仕事をしたいと思うどころか、命令口調にうんざりしてしまい、こんな人と一緒に仕事をするのは避けたいと思うでしょう。特に依頼をするときには、書き手の謙虚な姿勢を伝え、読み手から信頼を得ることが重要です。例えば、例1の「遂行して」は「進めて」、例2の「要求」は、「お願い」や「リクエスト」などマイルドな言葉を選んで、読み手に対して失礼のないようにしましょう。

〔修正後〕

例3　業務を確実に<u>進めて</u>ください。

例4　条件のすべてを<u>お願いし</u>ているわけではありません。

　また、あからさまな命令ではないにせよ、以下のような動作を表す語をうっかり使ってしまうと、読み手のことを見下していると感じられてしまうことがあるので注意が必要です。

例5　ネットで画像を<u>拾って</u>きてください。

例6　仕事を<u>放置</u>せずに、進捗を教えてください。

　「拾う」はネット上の画像を取得すること、「放置」は仕事を完結しない状態で置いておくことで、非常に粗野な言い方に聞こえます。共に仕事をする人に対するリスペクトが無く、むしろ軽んじているようにも見えます。読み手の側に立てば、書き手のぞんざいな態度が垣間見えるように感じられるでしょう。それぞれ「取得する」「そのままに（せずに）」と言い換える必要があります。

〔修正後〕

例7　ネット上から画像を<u>取得</u>してください。

例8　仕事を無断で<u>そのままにせず</u>に、進捗を教えてください。

　人に仕事を依頼する場合、依頼内容を明確に示すことは重要です。ただし、依頼する側の上から目線が文章から透けて見えてしまうのはNGです。書き手の高慢な態度が見え隠れしては、一緒に仕事がしたいという気持ちにはなれないものです。依頼者の誠実さを伝えることを意識して言葉を選びましょう。

Q 62 何となく言葉がこなれていない感じがするのですがどうすればいいですか。

A 62 ⇨ 場違いな言葉を使っていないか、チェックしましょう。

　何となく言葉がこなれていない気がすると感じたことはありませんか。そんなときは、場違いな語を使ってしまっている可能性が高いでしょう。読み手は、書き手の文章を見て、仕事の実力や人柄までも想像します。こなれていない語を見ると、書き手は仕事に精通していないな、偉そうに言っているけれど実は初心者なのかなと感じられてしまい、書き手に対する評価を下げることになりかねません。例えば仕事の成果物を提出するときに、以下のような文章が送られてきたら、どのように感じるでしょうか。

> 例1　最終作品は、契約後 25 日までに完納してください。
> 例2　依頼した調査結果を申告してください。
> 例3　（オリジナルの作品ではなく）コピーが発覚した場合、通報します。

　例1では、依頼したデザインの提出を求める際に、「完納」という語を使っています。完全に納める（提出する）という意味であることは、漢字から容易に想像できるでしょう。しかし、どこかぎこちない感じがします。一般に「完納」といえば、税金の支払いを済ませることを指すからです。仕事を引き受けたデザイナーによる成果物（デザイン）の提出には不適切です。ここでは、「納品してください」が自然です。また、例2の「申告」ですが、こちらも「所得を申告する」「申告分離課税」のように主に納税にかんして使用されることが多い語です。依頼した仕事の調査結果を「申

告」してくださいというのは、やはり場違いに思われます。ここでは、「お伝えください」あるいは「ご報告ください」がいいでしょう。例3では、「発覚」「通報」など、ずいぶん物々しい言葉が並んでいます。これでは、まるで警察ざたです。確かに、オリジナルではなく、読み手が違法にコピーした作品を成果物として出されては困るので、ルールを徹底したい気持ちもわからなくはありません。しかし、読み手の立場からみると、書き手のあまりに手厳しい物言いは、むしろ自分が信頼されていないと感じられ、敬遠してしまいます。例えば、「コピーが見つかった」「不承認となります」などが、穏当な表現と言えるでしょう。

〔修正後〕

例4　最終作品は、契約後25日までに納品してください。

例5　依頼した調査の結果をお伝えください／ご報告ください。

例6　（オリジナルの作品ではなく）コピーが見つかった場合、不承認となります。

　特定の分野や場面に使用される語をうっかり不相応な場で用いてしまうと、何となく意味は伝わるけれどもしっくりこないものです。これでは、依頼者の仕事の実力やビジネス感覚を疑われてしまうかもしれません。場違いな語を見つける方法として、漢語表現に注目してください。特定の分野や場面に使用される語には、実は漢語が多いという特徴があるからです。まずは、漢語を別の漢語や和語に言い換えてチェックしてみることをお勧めします。また、不安な専門用語は、オンラインの業界毎の専門用語辞典*で確認しながら、場に相応しい語を選択しましょう。

（＊ 1–4、Q20 参照）

Q63 ビジネス文書では言葉数が少ないほどよいのでしょうか。

A63 ⇨ 言葉を省略すると、いい加減な印象になります。言葉を尽くして説明しましょう。

　会話では身振り手振りで伝えられることもありますが、ビジネス文書では書かれていることがすべてです。言葉を省略してしまうのは、簡潔な文章とは異なり、正しく意味が伝えられないばかりか、読み手に対して書き手のいい加減な印象を与えてしまうことになりかねません。

> 例1　わからないことがあれば、<u>都度</u>サポートいたします。
>
> 例2　私は、<u>自ブログ</u>にて認知に関する記事を書いています。
>
> 例3　<u>内職的</u>にお仕事をしていただいてもけっこうです。

　上に挙げた例文は、問題無く意味が伝わるかもしれません。ただし、言葉の省略が少々気になります。例1では「都度」とありますが、これは「その都度」が自然な表現でしょう。例2の「自ブログ」とあるのは「自身の」あるいは「自分の」ブログの省略だと大方想像がつきます。読み手からみると、このような言葉の省略は、書き手が緻密に仕事をする人ではないと感じられてしまいます。例3の「内職的」ですが、最近では「〜的」という表現が多く見られるようになりました。しかし「〜的」はカジュアルな親しみやすさが感じられる一方で、やはりビジネスでは、言葉を尽くして説明していない、丁寧さを欠いた表現に感じられます。ここでは、「内職として」が適切です。「わたし的に」「仕事的に」「文章的に」など様々な「〜的」が使われていますが、書き言葉では丁寧に言い換えた方がいいでしょう。

〔修正後〕

例4 わからないことがあれば、その都度サポートいたします。

例5 私は、自身の／自分のブログにて認知に関する記事を書いています。

例6 内職としてお仕事をしていただいてもけっこうです。

　言葉を省略してしまうと、以下のように内容が正確に理解されないこともあります。

例7 （文字起こしの仕事で）定期的に起こしが発生します。

例8 （名刺デザインの仕事で、名刺に掲載する情報について）携帯番号に関しては、有無両方をお願い致します。

　例7では、「起こし」だけでは、過去にこの仕事を経験したことのない人には、「文字起こし」の仕事であるとピンとこないでしょう。例8の「有無両方」は、指示内容がわかりづらいと感じられます。「番号有りバージョン」と「番号無しバージョン」のようにきちんと場合分けをして丁寧に説明することが重要です。

〔修正後〕

例9 定期的に文字起こしが発生します。

例10 携帯番号に関しては、「番号有りバージョン」と「番号無しバージョン」の両方をお願い致します。

　言葉の省略は、内容の伝達が不十分になるばかりか、仕事に対していい加減だという印象を読み手に与えてしまいます。言葉を尽くして説明することが大切です。

2-5

キャラクタの
的確な使い分け

この章では、文章から読み手のイメージする書き手のキャラクタ、

すなわち、文章や文体からイメージされる書き手の人物像、

いわゆるキャラに関する疑問を取り上げます。

文書によって読み手に自分がどう思われてしまうか、

そこまで意識してこなかった人も多いのではないでしょうか。

文書の中でのキャラクタの使い分けと一貫性にかんする

チェック方法を学びましょう。

Q 64　書き手の印象はどんなところにあらわれるのでしょうか。

A 64　⇨ 言葉の選び方、記号の使い方などにあらわれます。カジュアルな人やフォーマルな人というように印象が変わります。

　文章を読んでいるとき、読んでいる人はこの文章を書いた人はどのような人だろうかと気になります。

　特に文章でのやり取りが主となるリモートワークやクラウドソーシングでは、ビジネスパートナーがどんな人なのか、読み手は文章からしか判断することができません。一度会ってみれば優しくて頼りになる人でも、文書から「怖そう」「いい加減そう」といったマイナスなイメージを持たれてしまっては大変です。この章では、書き手の実際の人柄とは別のものとして、文章からイメージされる書き手のキャラクタについて考えます。

　例えば、このようなタイトルで仕事を募集する文章を目にしたらどのように感じるでしょう。

> 例1 【未経験OK！スキル不要！】海外ドラマの小ネタや感想を書くだけのお仕事♪ 99％承認！（○○文字〜）
>
> 例2 【簡単作業】□□文字以上『オンライン会議アプリ』に関する記事作成【△△円】

　どちらも記事の執筆の仕事の募集タイトルで、執筆テーマ・文字数・難易度が含まれていますが、受ける印象が違うことに気づくと思います。

　いわゆる業務を指す言葉は、例1では「お仕事」例2では「作業」となっています。仕事の難易度については、例1では「OK」とフレンドリーな語が用いられるのに対し、例2では「簡単作業」

と漢語が用いられています。仕事内容についても例1では「小ネタ」「感想」「書くだけ」と身近さを表す語が選ばれているのに対し、例2では「記事」「作成」と簡潔な語が選ばれています。どちらもキーワードを「【　】」で囲み目立たせていますが、例1では「！」「♪」といった記号も用いられています。例1は親しみやすいカジュアルな印象、例2は比較的カッチリとしたフォーマルな印象のキャラクタの書き手が想像されます。

　これらのキャラクタを立たせるポイントを入れ替えてみると、エンターテイメント寄りの「海外ドラマ」とよりビジネス寄りの「オンライン会議アプリ」というテーマのままでも印象が変わるのが一目瞭然になります。

> 例3　【未経験可・スキル不要】海外ドラマに関する記事作成（99％承認）【○○文字以上】
>
> 例4　【かんたん作業！】□□文字〜『オンライン会議アプリ』の小ネタや使用感を書くだけのお仕事♪【△△円】

　ビジネス文章では、内容が過不足なく記されていることが第一条件です。しかし、内容を見れば相手はわかってくれるだろうと過信せず、相手にどのように受けとめられたいか、どのような関係を築きたいかを意識して文章を作成すると、より円滑なコミュニケーションが取れるようになるでしょう。まずは、自分の文章の表現からイメージされるキャラクタがカジュアルか、フォーマルかから意識してみましょう。

Q 65 **キャラが途中で崩れるとどうなってしまいますか。**

A 65 ⇨ 読み手を不安にさせたり負担をかけたりしてしまいます。

　文書を読んでいる際に、書き手のイメージが急に変わって驚いた経験はありませんか。あるとしたら、それは文書が伝えている内容ではなく、言葉づかいや記号の使い方が変わったからかもしれません。ビジネス文章では書き手のキャラを一貫させて、読み手の違和感を少なくするのが基本です。

　例えば、以下のようなライフスタイル分野のブログ記事の執筆募集を見かけたらどのように感じるでしょう。

例1　ご覧いただき、誠にありがとうございます！^^

食にまつわるブログ記事のライターさんを募集しています☆

「魚の食べ方・さばき方、魚の旬を中心とした季節の食生活」についてネット等で調べて情報をまとめ、簡単な感想もまじえながら執筆していただきます。
記事はワードプレスにて装飾を付加・画像を挿入の上、画像を挿入の上、ご納品のほど、何卒お願いいたします。

未経験の方でもマニュアルを見ながら、2、3記事かけば慣れますのでご安心ください！

　例1は「！」「☆」「^^」といった記号を使用し、親しみやすさを重視したカジュアルなビジネス文書です。しかしながら、3段落目の「記事は」で始まる文のみ「付加」「納品」といった漢語が

用いられることと、「何卒お願いいたします」という文末がフォーマルな印象を与えてしまい、ちぐはぐな印象を与えます。ここでは「付加」「納品」を「追加」「提出」に置き換え、記号を使用した簡潔な文末とすることで、カジュアルさを維持し、読み手の違和感を減らすことができます。

〔修正後〕
例2 記事はワードプレスで装飾・画像を追加して、ご提出いただきます！

また、「※」をつけた注など、ほかの箇所との位置付けを変えたいときには、あえてキャラクタを変えるのも有効です。読み手の目を引くことで、重要な内容をより確実に伝えたり、時にキャラクタに幅を持たせることもできます（次のQ66を参照）。ただしここぞという時以外、多用は禁物です。

〔修正後〕
例3 ※記事はワードプレスにて装飾を付加・画像を挿入の上、納品をお願いします

Q66 キャラは文書の途中で変えてはいけませんか。

A 66 ⇨ キャラを変えるのは読み手の目を引く効果もあります。ある程度長い文書等でここぞという時に使いましょう。

　ある程度長いビジネス文書を読む際に、読みすすめるのがだんだんつらくなった経験はありませんか。これも、言葉づかいや記号の使い方によるものかもしれません。同じ調子の文章があまり長く続くと、読み手はどこに注目すればよいのかわからなくなってしまいます。前節にて書き手のキャラは一貫させるのが基本と説明しましたが、こちらは応用編です。

　本来、内容が十分に記されていることが重要なビジネス文書ですが、読み手の注意力が散漫になってしまってはその内容が十分に伝わらなくなってしまいます。記号の使用や装飾といった文章の見た目で読み手に訴えるのが一般的ですが、前節で触れたキャラの一貫性をあえて崩すことでも読み手の読解に緩急を生むことができます。

　例えば以下のような作業依頼を見かけたらどのように感じるでしょう。

例1　募集をご覧いただきありがとうございます。初めての方でも簡単にできる作業ですのでぜひご応募ください。

（中略）

●納期について

・納期については柔軟に対応いたします。

・育児や家事の合間などでも作業可能です。

●注意点・禁止事項

・調査内容を第三者に漏洩することは厳禁です。

・一人一回までの依頼となります。

仕事内容についてご質問等ありましたら、お気軽にご連絡ください。

　例1は装飾用途の記号の少ない比較的フォーマルなビジネス文書です。「依頼」、「調査」、「漏洩」といった専門性の高い用語が用いられており、カッチリとした書き手のキャラのイメージが一貫しています。中略した部分を除いた長さであれば全く問題ないのですが、全体が2ページ程度の長さとなる場合には、アピールポイント等ではあえてキャラクタを変えてみるのもよいでしょう。ただし、多用は禁物です。

〔「納期」の部分をアピールしたいなら……〕

例2 　●納期は柔軟

　　　・納期については柔軟に対応可能です！

　　　・育児や家事の合間などのスキマ時間に自分のペースで作業していただけます。

〔「注意点・禁止事項」の部分は目を通すだけで良いのなら……〕

例3 　●注意点・禁止事項

　　　・調査内容の漏洩厳禁

　　　・一人一回までの依頼

Q 67　仕事内容ごとのキャラクタの使い分けに困っています。どのように選べばよいでしょう。

A 67　⇨　相手・目的をもとに業務内容の粒度を踏まえ、語や体裁から見えるキャラクタをチェックしましょう。

　ビジネスに限らず、文章を書く際にはどんな相手にどんなことをして欲しいかを考えて書くのが基本です。広告文であれば少しでも多くの人に商品を買ってほしい、報告文であれば報告相手に内容を理解し問題があれば改善に協力してほしい、この本であれば文章で仕事のやり取りをする皆さんによりよく伝わるビジネス文書を書く手がかりとしてほしい、といった形です。目的によっても想定する読み手によっても適切なキャラクタは自ずと変わってきます。Q64 で紹介した仕事を募集する文章のタイトルをもう一度見てみましょう。

> 例1　【未経験 OK！スキル不要！】海外ドラマの小ネタや感想を書くだけのお仕事♪ 99％承認！（○○文字〜）
>
> 例2　【簡単作業】□□文字以上『オンライン会議アプリ』に関する記事作成【△△円】

　どちらも、記事の執筆者に集まってもらうのが目的の文章のタイトルです。記号を多く用い身近な印象を与える語を用いたカジュアルなキャラクタが想起される例 1 と、記号を減らし簡潔な語を用いるフォーマル寄りのキャラクタが想起される例 2 では、集まってくる執筆者も変わってくるでしょう。例 1 のカジュアルな例では「未経験 OK！スキル不要！」に合わせて、より広い執筆者に安心して応募してもらうことができます。他方で、例 2 のフォー

マル寄りな例では、ある程度仕事の流れや相場の知識がある執筆者に絞り込んで訴えることができます。

　本文の体裁や文末の文体からも書き手のキャラクタは想起されます。

　例3　・在宅ワーク初心者にもわかる文章を心がけてください。

　　　（中略　注意事項にて）

　　　・コピペは厳禁です。

　　　・文章のまとまりごとに、空白行を入れてください。

　例4　・在宅ワーク初心者にもわかる文章を心がける。

　　　（中略　注意事項にて）

　　　1. コピペは厳禁です。

　　　2. 文章のまとまりごとに、空白行を入れて！

　例3のように体裁も文体もきっちりと整った文書を書けば緻密で丁寧なキャラクタが想起されますし、例4のように箇条書きの形式が同じ深さでも番号と中黒とで不統一だったり文体が崩れていたりすれば粗雑なキャラクタが想起されます。成果物のクオリティを求めるのであれば、緻密な印象をもってもらうのが安全です。ただし、文章に自信のない人からの声も広く集めたい場合には、指示内容が伝わる範囲であえて粗雑なキャラクタをねらい敷居を下げる方策も選択肢に入ります。

　問題となるのは、読み手の想像する書き手のキャラクタが仕事の性格と合わない場合です。多少粗さに目をつぶっても人数を確保したいときに少数精鋭のメンバーが集まってしまっては本末転倒です。依頼する仕事の性格を鑑みて、適切なキャラクタを選択しましょう。

Q 68 ツールごとのキャラクタの使い分けに困っています。どのように選べばよいでしょう。

A 68 ⇨ ツールと場面・相手・仕事のジャンルとの関係をチェックして、TPO に合ったキャラクタを用いるよう心がけましょう。

　ビジネス文書では、基本的にフォーマルなキャラクタが好まれますが、場面や相手によって相応しいキャラクタは異なります。
　近年普及している Slack や Skype、Microsoft Teams といったツールで利用するチャットであれば、丁寧さより簡潔な表現が求められます。その上で、環境によっては、カジュアルな絵文字やスタンプ、記号を用いた感情表現で、コミュニケーション円滑化が図られることもあります。

例1　メール

> □□チームのみなさま
>
> お疲れ様です。□□チームの△△です。
> 8月1日に行われました第1回○○会議の議事録を添付ファイルにてご送付いたします。
> （中略）
> ご確認のほどよろしくお願い致します。

例2　チャットツール

　例1は会議の後によく見る議事録メールです。中略部分には、会議の要約やあいさつ文、次回の日程が入ることもあるでしょう。社

内メールで送るには問題のないフォーマルな文章ですが、チャットツールで送るには分量が多く、閲覧性を損なってしまいます。簡潔な表現を求められるチャットツールでは、例2のように挨拶や定型文は最小限にとどめ、無礼にならない範囲で端的なメッセージを送ることが有効です。逆に例2の文面は簡潔すぎる上に記号や顔文字も多用され、メールには不適切です。

　例2では、最初の文に「。」がついていない点や、「の」が重なってしまっている点を不自然に感じる人もいるかもしれません。チャットツールでは迅速さが重視されることもあり、ある程度の句読点の抜けや誤字脱字は見逃される傾向にあります。とはいえ送信ボタンを押す前にはなるべく一呼吸置き、誤字脱字や予測変換などによる過度にカジュアルな表現は取り除くのが適切です。なお、チャットツールで文末に「。」を用いると堅苦しく感じられる文化もあることも頭に置いておくとよいでしょう。

　ビジネスで使われるツールごとに人間関係の内・外、カジュアル・フォーマルなキャラクタの許容される範囲を図示した例は右の図のようになります。自身の業界や仕事の種類、相手との関係によってどのようなキャラクタが用いられているか整理してみると、新しいツールにも素早く適応できるようになるでしょう。

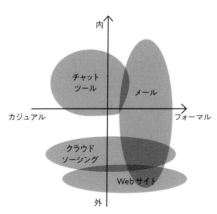

2-6

まとめに代えて

ビジネス文書の「上から目線」問題

Web空間の労働の光と影

新しい雇用形態 ―クラウドソーシングの登場

　ビジネス文書は、Web 上でやり取りされるのが今や一般的な時代である。しかし、Web 上のビジネスコミュニケーションの中で、発注者という強い立場の者の言葉がぞんざいになり、受注者という弱い立場の者を傷つける、いわゆる「上から目線」の言葉が問題となっており、この第 2 部においてもそうした表現が数多く扱われてきた。ここでは、クラウドソーシングを例に、「上から目線」の言葉が生まれた社会的背景について考察と提言を行いたい。

　21 世紀に入り、個人ワーカーの確保に依存するというビジネスモデルが生まれた。仕事発注サービスであるクラウドソーシングのことであり、この言葉が生まれたのは 2005 年である。その代表的な企業として、日本でもおなじみのウーバーという会社が世界的に知られている。ちなみに、最近メディアにおいて労働問題で注目を浴びているのは、その傘下にあるウーバーイーツ（Uber Eats）という食事の配送（出前）サービスである。一方、日本のクラウドソーシングの大手仲介事業者としては、クラウドワークスやランサーズといった企業がよく知られている。

　この新しい雇用形態の魅力は、効率がよいという点、そしてなによりも、時間、仕事量が柔軟で、自宅から仕事ができるという点である。日本ではこの急成長してきた雇用形態は、メディアだけでなく政府も注目し、積極的に支援している[1]。

　クラウドソーシングの仕組みは基本的にとても簡単である。下記の図 1 のように、発注者と受注者はネット上でやりとりをし、業務を遂行する。発注者（クライアントとも言う）は発注文書を作成し、ネット上で公開する。受注希望者（ワーカー、ギグワーカーとも言う）

1　東京新聞 2019.4.14 朝刊 を参照。

はネット上で発注文書を検索し、応募する。発注者が応募を審査
し、決定した採用者と契約する。採用された受注者は納期に間に
合うように成果物を提出する。発注者はその成果物の質を確認、報
酬を支払う。

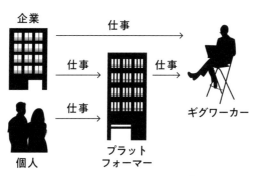

図1　クラウドソーシングの仕組み[2]

　発注者は必要なときだけ必要な労働力を使うことができる。勤
務時間も、場所も柔軟である。一方受注者は会社などに縛られな
いので、好きなときに好きな量だけの仕事をこなせばいいので、自
由である。専門性の高い仕事だと、高収入にもつながる。双方に
とって、柔軟な仕組みである。仕事の内容もさまざまである。
　ネット上のやりとりは直接行われることもあるが、ウーバーや
クラウドワークスのように仲介するプラットフォーマーを介在す
ることが最も多いようである。
　ここからもわかるように、クラウドソーシングがうまく機能す
るためには、発注者と受注者の間のコミュニケーションがスムー

2　朝日新聞 2019.11.17 朝刊を参照。

ズに行われることが不可欠である。特に重要なのは発注文書である。発注者側の大きな課題の一つは、その用件を受注者にいかに正確に伝えるかということである。言い換えれば、発注文書は受注者がどう読むかという、受注者の視点を含むコミュニケーションをどう実現するかということである。

光あるところに影がある　―厳しい環境に置かれる受注者

　上記で見たように、クラウドソーシングという雇用形態は非常に優れているように見えるが、実はこれまでの説明から重要な要素が抜けている。まず、法令の枠組みが予想しなかった新しい雇用形態であるということである。この雇用形態では受注者と発注者の関係は労使関係ではなく、受注者は仕事を請け負うことになっているので、発注者側から見てはいわゆる請負になる。そのため、労働関係の法令は原則として適用できない。失業保険も、年金保険も、健康保険も、すべて、完全に受注者の自己責任になるわけである。その結果、法律で定められた最低賃金より低い賃金の仕事も多いし、仕事中事故にあった場合、労災の適用も難しい。

　このように、クラウドソーシングが高く評価される一方、NHK、大手新聞などのメディアにおいて、批判的な報道もこの数年増えている。批判の的はまず、低い報酬や長時間労働である[3]。さらに、働き手としての受注者の基本権利の保障問題がある。発注者と受注者の関係が労働関係の法令でカバーされていないので、低賃金や長時間労働によって生じる健康などの問題の解決は、結局は社会へのしわ寄せになる[4]。海外のメディアでも、クラウドソー

3　NHK「クローズアップ現代＋」2017.2.1、東京新聞（朝刊）2019.4.14、GIZMODO.JP WEB 雑誌 2020.2.7 を参照。
4　東京新聞 2019.12.6 朝刊を参照。

シングの様々な問題点や政府の対応、例えば大手ウーバーが直面している労働関係を巡って導入された新しい規制、さらには労働市場の厳しい現実やそれに対するワーカーの抵抗などが報道されている[5]。

クラウドソーシングのメリットから見ると、仕事の場所を確保する必要も、仕事で使う機材に投資する必要もなく、それに柔軟な運営、人件費が低く押さえられていることなどがあるが、こうしたメリットはまず発注者にとって大きいと言える。

他方、勤務時間や場所に縛られず、柔軟に働けるということ、そして専門性があれば、高単価の仕事を得やすいというような、受注者（ワーカー）にとってメリットも確かにある。しかし、上記で見てきた報道によれば、よいことばかりではないということも明らかである。受注者にとって、請負のパートナーという形で仕事することは正規雇用と比べてデメリットも非常に大きい。最低賃金や労災、失業手当など労働関係法令が不適用であるからである。その上、専門性がない場合、仕事は単純で低賃金になりがちである。さらに、発注者と受注者をWeb上で仲介する会社（プラットフォーマー）のマージンが増加することが多い[6]。

経済的に安定していない状況に置かれている多数の受注者は、発注者に比べて弱い立場にある。このような受注者は、クラウドソーシングで得られた仕事に関連して、成果物を巡る刑事責任追求や報酬不払いなどというさまざまなトラブルに巻き込まれていることが報道されている。労働政策研究・研修機構が2019年1月に行ったアンケートによれば、個人請負の働き手（受注者、ワーカー）

[5] New York Times 2019.9.15 を参照。
[6] 日テレ NEWS24 2019.12.5 を参照。

が経験したトラブルは下記の表1のように、クラウドソーシング
で得た仕事の相当の割合を占めている。

　しかし、関連法令が異なっているので、トラブル解決が困難で
ある。例えば、アクセサリー作りなどの内職は家内労働法で最低
工賃が定められるなど、保護されている。一方、クラウドソーシ
ングの働き手は、労働者ではなく「個人事業主」であるので、そ
のような保護を受けられない。最低賃金、失業保険や労災などの
社会保障がなく、労働環境は厳しい。「自由な働き方」という政府
の絶賛とは裏腹に、それだけで生計を立てるために、長時間、仕
事をこなさなければならないし、場所的にも時間的にも拘束され
やすい立場に追い込まれている。

表1　クラウドソーシングの仕事におけるトラブル（東京新聞 朝刊 2019.4.14）

トラブルの内容	割合（％）
報酬の支払いが遅れた	12.5%
仕事の内容・範囲でもめた	10.5%
報酬が一方的に減額された	10.4%
仕様を一方的に変更された	8.4%
報酬が全く支払われなかった	7.8%
作業期間や納品日の一方的変更	6.9%
仕事開始後、契約を打ち切られた	5.6%
自分のアイデアが無断で使用された	4.1%
予定外の費用負担を求められた	4.1%

　行政機関の一つである中小企業庁の補助金を得て作成した活用
ガイドでは、クラウドソーシングについて、「人材を『必要な時に

必要なだけ』活用したい企業にとって、正社員、派遣社員に次ぐ『第三の矢』となる」と、高く評価している。しかし、受注者から見ても、社会保障が付いている安定した尊厳のある労働条件を確保するために、この新しい雇用形態の法令を一刻も早く整える必要がある [7]。

クラウドソーシングの影と言葉 　―「上から目線」と悪文

　まず、新しい雇用形態の表象と発注者・受注者の社会関係について見てみる。すでに見てきたように、クラウドソーシングのコントロールは、発注者である経営者から、末端の受注者に流れる。この流れはふたとおりに表象されている。図2の左側 [8] のように、コントロールが横の流れとして描かれていることもあるが、図2の右側 [9] のように、上から下への流れとして描かれることが多いようである。

図2　クラウドソーシングの表象

[7]　東京新聞 2019.4.14 朝刊を参照。
[8]　朝日新聞 2019.11.17 朝刊を参照。
[9]　熊野健志 (2020) を参照。

いずれの表象の仕方にせよ、発注者である経営者が能動的に描かれているのに対して、受注者は受動的な立場にあるように描かれている。

　次に、発注者と受注者の力関係について見る。無意識に描かれたこのような上から下への流れを表している図2の右側の表象は、実際の社会関係を反映していると思われる。クラウドソーシングにおけるコントロールの流れでは発注者が発注および報酬という重要な側面をコントロールしているので、優位にある。受注者は発注者への依存度が高い。例えば、発注者である経営者は一方的な報酬の切り下げを行っても、受注者はそれに対抗できる手段がないに等しい[10]。

　もちろん、そうでない場合もある。発注の仕事の付加価値・報酬の影響は強く、専門性の高い仕事は付加価値も報酬も高い。そのような仕事をこなせる受注者は相対的に少ないので、その交渉力はあがる。その結果、発注者の優位性はその分弱まることもある[11]。しかし、クラウドソーシングの仕事の大半は、付加価値があまり高くないゆえに受注者の大半は交渉力が弱く、発注者が優位に立つことになる。

　そうした社会関係、力関係が、ビジネス文書に言葉としてどのように表れているか、筆者が行った調査を紹介する。

　まずは、質的調査である。発注者が優位に立っていることは「上から目線」という傾向と関連している。その関連の実態を知るために、日本のクラウドソーシングの大手、クラウドワークス社のホームページから無作為に発注文書のサンプル20件をとって、質的な分析を試みた。分析では言語表現の特徴を特定するために、ま

10　東京新聞、2019.12.6（朝刊）を参照。
11　Muthoo（1999）を参照。

194

ず各々の発注文書を、「高」・「中」・「低」と三つのカテゴリーに分けた「総合的印象」の観点から評価した。分析した文書の約7割が「低」、すなわち悪文であるという評価を受けた。質的な調査ではさらに、発注の仕事の「付加価値」、「報酬」、「納期」など、社会的文脈の要素も分析した。「総合的印象」が「低」と評価された発注文書のほとんどは、仕事の「付加価値」も「報酬」も「低い」ということが判明した[12]。

次は、悪文という観点から量的分析を行った。「総合的印象」が「低」、すなわち悪文であると判断された要因は何だったのか。それを知るためには、石黒編（2020）で報告された多量の発注文書の量的分析を参照することにした。その結果をまとめると、最大の問題点は、発注文書で伝えようとしている情報の量と質とに関わる問題であるということが判明した。発注文書で伝えようとする情報の質的側面も量的側面も、石黒（2017）が提言したよい文書の条件に従わない。これは同時に、イギリスの哲学者Grice（1975）が提唱した伝達における協調原理（量と質の格率）にも違反している。

発注文書の質的・量的分析の結果とその社会文脈における諸要素で何が相関しているかを見ると次のことがわかる。すなわち、低い「付加価値」、低い「報酬」、短い「納期」という社会的文脈の要素が認められた発注文書の多くが「悪文」と評価された原因は、情報の量も質も適切ではなかったという点にある。

この結果はさまざまな要因が考えられるが、その中で最も大きい要因は「上から目線」であると思われる。この要因によって、発注者が発注文書を読む受注者の立場になろうとせずに、一方的に自分の都合だけで伝達したと思われる。

12　Aoki and Bekeš（2019）

結び

　クラウドソーシングという新しい雇用形態は雇用におけるニーズに柔軟に対応できるなど、多くの「プラス」のポテンシャルを持っており、政府もそれを積極的に評価する向きがある。また石黒編（2020）がその好例であるが、日本語のビジネス文書を研究するためにも優れた資料を提供している。

　しかし、光あるところに、影がある。日本の国内外のメディアでもこの数年来頻繁に報道されてきたように、クラウドソーシングは、労働関係法令の盲点・死角の中でできた新しいシステムであるだけに、社会保障または社会監視の欠如など、そのポテンシャルを損ねかねない多くの問題をはらんでおり、それが文書の中にも垣間見える現実がある。

　クラウドソーシングにおける発注文書の研究もそのプラスのポテンシャルに貢献する一つの試みである。発注文が悪文にならないためにはどうすればいいか、という提言もささやかな貢献の一つであろう。「上から目線」に感じられる表現を修正することで、クラウドソーシング全体の文書の質も向上し、よい循環を生む可能性もあろう。

　しかし、すでに述べたように、悪文の根底にあるのは発注者と受注者の社会関係の不均衡である。発注者に本当に必要なのは、「上から目線」の表現を直すことではなく、「上から目線」の意識を直すことである。意識が変われば、表現も変わる。発注文書の先に自分と対等な関係にある受注者が存在することを意識し、受注者の視点を意識しながら発注文の作成に取り組むことが悪文を駆除する第一歩となろう。そして、そうした問題を発注者個人の問題のみに帰するのではなく、弱い立場に置かれた受注者の権利を保障する社会制度を整えていくことが、今日本社会に求められ

ている社会的課題である。

　発注文書がおかれている社会的文脈が複雑なだけに、有意義な成果を得るためには言語、社会、法律などの観点を取り入れた徹底した学際的研究が欠かせない。また、クラウドソーシング関連の仕事に従事する人たちの労働も社会で平等に扱われるため、一刻も早い関連法令の整備が政府の急務である。

引用文献

Aoki Yuko and Andrej Bekeš (2019) What should be written and how: a study of crowd sourcing business correspondence. Paper presented at The 3rd EAJS (the European Association for Japanese Studies) Conference in Japan, September 14–15, 2019, University of Tsukuba, <https://eajs2019.jinsha.tsukuba.ac.jp/pdf/book_of_abstracts.pdf>, 2020.5.11

Grice, H. Paul (1975). Logic and conversation. In: Peter Cole and Jerry Morgan (eds). *Syntax and Semantics 3: Speech Acts*, pp.41–58. New York: Academic Press.

Hasan, Ruqaiya (2009) The place of context in a systemic functional model. In M.A.K. Halliday and Jonathan J. Webster (eds.) *Continuum Companion to Systemic Functional Linguistic*s, pp.166–189. New York: Continuum.

石黒圭（2017）「2．文章とは何か―日本語の表現面から見たよい文章―」李在鎬編『文章を科学する』ひつじ書房、pp.14–37

石黒圭（編）（2020）『ビジネス文書の応用言語学的研究―クラウドソーシングを用いたビジネス日本語の多角的分析』ひつじ書房

熊野健志（2020）Panel Disscussion "良いビジネス文書とはなにか" ～伝達力が仕事を変える～、用パワーポイント資料、シンポジウム「ビジネスと日本語の接点」国立国研究所 2020 年 3 月 20 日、<https://www.ninjal.ac.jp/event/specialists/project-meeting/m-2019/files/20200320_2_1_kumano.pdf>, 2020.9.1.

Muthoo, A. (1999). *Bargaining Theory with Applications*. Cambridge, U.K.: Cambridge University Press.

メディアでの報道

朝日新聞（朝刊）2019.11.17, p.4:「ネット単発労働：自由と不安と」

New York Times 2019.9.15.: Maybe We're Not All Going to Be Gig Economy Workers After All: Companies like Uber are hitting the turbulence of government regulation, worker resistance and labor market reality <https://www.nytimes.com/2019/09/15/upshot/gig-economy-limits-labor-market-uber-california.html>, 2020.1.5

NHK「クローズアップ現代＋」2017.2.1.:『副業貧乏に内職地獄？"ネット・ワーカー"残酷物語』<https://www.nhk.or.jp/gendai/articles/3927/index.html>, 2020.2.19

日テレ NEWS24 2019.12.5「ウーバーイーツ」配達の報酬引き下げ：<https://www.news24.jp/articles/2019/12/05/07556463.html>、2020.9.1.

東京新聞（朝刊）2019.4.14:〈働き方改革の死角〉ネット内職、報酬低すぎ 自由・手軽…実は過酷 <https://www.tokyo-np.co.jp/article/economics/list/201904/CK2019041402000154.html#print>, 2020.2.18

東京新聞（朝刊）2019.12.6:〈働き方改革の死角〉巨大 IT に「個」苦戦 ウーバーイーツ配達員 団交門前払い <https://www.tokyo-np.co.jp/article/economics/list/201912/CK2019120602000124.html>, 2020.1.21

GIZMODO.JP WEB 雑誌 2020.2.7,「時給数十円、タダ働きも横行。Amazon のクラウドソーシング「Mechanical Turk」の光と闇」<https://www.gizmodo.jp/2020/02/horror-stories-from-inside-amazons-mechanical-turk.html>, 2020.2.18

おわりに

　「リモートワーク」「Web 会議システム」「ビジネスチャットツール」……、そうした言葉で語られるオンライン社会の海のなかを私たちは泳ぎ続けています。そこでは、文字コミュニケーションが今まで以上に重要になっています。

　私たちの書くスピードはたしかに速くなりました。しかし、同時に雑になった印象が否めません。書き散らすという言葉がぴったりな日常が続くなか、私たちは日々の業務のなかで言葉を吟味しなくなりました。それによって、言葉が伝わらない、あるいは、気持ちが伝わらないことによるビジネス・コミュニケーションのトラブルが頻発しています。

　ここで、私たちに再考が求められていることは、ビジネス文書の書き方、すなわち文字コミュニケーションの技術です。言葉で仕事ができており、オンライン社会において文書によるコミュニケーションが重視されている以上、雑になってしまった文書の表現を一つひとつ見直し、言葉を、そして言葉の向こうにいる読み手を丁寧に扱うことから始めることからすべてが始まると考え、私たちは本書を執筆しました。そうした思いが、読者のみなさまの心に届いていることを願います。

　本書は、「はじめに」にあるとおり、国立国語研究所と富士通研究所の共同研究を、編者の一人である熊野健志さんが演出してくださったことをきっかけに、国立国語研究所「日本語学習者のコミュニケーションの多角的解明」プロジェクトの論文集『ビジネス文書の応用言語学的研究―クラウドソーシングを用いたビジネス日本語の多角的分析―』が生まれ、そのスピンオフ企画として誕生したものです。そのきっかけを作ってくださった熊野健志さ

ん、共同研究を支えてくださった国立国語研究所、㈱富士通研究所、㈱クラウドワークスのスタッフ各位、姉妹本2冊の出版を担当してくださったひつじ書房編集部の森脇尊志さん、そして、その企画を陰で支えてくださったひつじ書房社長の松本功さんにお礼申し上げます。

　本書の具体的な編集作業は、国立国語研究所プロジェクト非常勤研究員の井上雄太さんが担当してくださいました。じつは、『ビジネス文書の基礎技術―実例でわかる「伝わる文章」のしくみ―』というタイトルの名づけ親でもあります。もしこのタイトルを見て、読者のみなさまの手が本書に伸び、この「おわりに」をお読みいただいていたとしたら、それは井上さんの功績です。

　本書を手にしてくださったみなさまが、ビジネスの言葉の力を見つめ直し、丁寧に扱うきっかけとしてくださり、日本語によるビジネス・コミュニケーションを一層豊かにしてくださることを、執筆者一同、陰ながら、そして心から願っています。

2021年1月
執筆者を代表して
石黒圭

執筆者紹介

編者

石黒圭　　　国立国語研究所教授……「巻頭言」、第1・2部導入、「おわりに」担当
熊野健志　　富士通株式会社………………………………………0「はじめに」、1-8 担当

執筆者

青木優子　　　　　　東京福祉大学専任講師……………………………………1-6 担当
浅井達哉　　　　　　（株）富士通研究所シニアリサーチャー………………1-7 担当
井伊菜穂子　　　　　国立国語研究所プロジェクト非常勤研究員……………1-5 担当
井上雄太　　　　　　国立国語研究所プロジェクト非常勤研究員……………2-5 担当
岩崎拓也　　　　　　国立国語研究所特任助教……………………………1-2、1-3 担当
佐野彩子　　　　　　一橋大学非常勤講師……………………………………1-4、2-4 担当
鈴木英子　　　　　　和光大学非常勤講師……………………………………2-2 担当
田中啓行　　　　　　中央学院大学専任講師………………………………………1-1 担当
布施悠子　　　　　　国立国語研究所プロジェクト非常勤研究員……………2-1 担当
ベケシュ・アンドレイ　　リュブリャナ大学名誉教授………………………2-6 担当
蒙韞（韞）　　　　　新潟大学准教授………………………………………………2-3 担当
柳瀬隆史　　　　　　（株）富士通研究所研究員……………………………………1-7 担当
横野光　　　　　　　（株）富士通研究所シニアリサーチャー……………コラム担当

ビジネス文書の基礎技術
実例でわかる「伝わる文章」のしくみ

Essential Ways to Improve Business Writing Skills:
Strategic Framework for Effective Communication

Ishiguro Kei and Kumano Kenji

発行	2021 年 3 月 30 日　初版 1 刷
定価	1400 円＋税
編者	©石黒圭・熊野健志
発行者	松本功
ブックデザイン	三好誠
印刷・製本所	株式会社 シナノ
発行所	株式会社 ひつじ書房
	〒112-0011 東京都文京区千石 2-1-2 大和ビル 2F
	Tel. 03-5319-4916　Fax. 03-5319-4917
	郵便振替 00120-8-142852
	toiawase@hituzi.co.jp　https://www.hituzi.co.jp/

ISBN978-4-8234-1085-7

刊行のご案内

日本語の文章理解過程における予測の型と機能
石黒圭著　定価8,000円＋税

文脈情報を用いた文章理解過程の実証的研究
学習者の母語から捉えた日本語理解の姿
石黒圭編　定価6,800円＋税

ビジネス文書の応用言語学的研究
クラウドソーシングを用いたビジネス日本語の多角的分析
石黒圭編　定価7,200円＋税

刊行のご案内

日本語の乱れか変化か
これまでの日本語、これからの日本語
金澤裕之・川端元子・森篤嗣編　定価 3,800 円 + 税

「させていただく」の語用論
人はなぜ使いたくなるのか
椎名美智著　定価 3,600 円 + 税

テキスト計量の最前線
データ時代の社会知を拓く
左古輝人編　定価 2,800 円 + 税

刊行のご案内

シリーズ日本語を知る・楽しむ

1. 古文を楽しく読むために

福田孝著　定価1,600円＋税

2. 今どきの日本語

変わることば・変わらないことば

遠藤織枝編　定価1,600円＋税

刊行のご案内

ちょっとまじめに英語を学ぶシリーズ

1. 英語辞書マイスターへの道

関山健治著　定価 1,600 円 + 税

2. Native Speaker にちょっと気になる日本人の英語

山根キャサリン著　定価 1,600 円 + 税

刊行のご案内

中高生のための本の読み方
読書案内・ブックトーク・PISA 型読解

大橋崇行著　定価 1,800 円＋税

ゼロからはじめる哲学対話
哲学プラクティス・ハンドブック

河野哲也編　得居千照・永井玲衣編集協力　定価 2,200 円＋税